CALENDARIO MAYA 2
El viaje en el tiempo

TÍTULOS YA EDITADOS
DE LA COLECCIÓN DEL CANAL INFINITO:

1- **PROFECÍAS MAYAS** / Darío Bermúdez
2- **NIÑOS ÍNDIGO** / Sandra Aisenberg y Eduardo Melamud
3- **KABALÁH** / Ione Szalay
4- **FENÓMENOS PARANORMALES** / Alejandro Parra
5- **CALENDARIO MAYA** / Claudia Federica Zosi
6- **ENSEÑANZAS DE LOS ISHAYAS** / Sakti Ishaya, Bhushana Ishaya y Durga Ishaya
7- **I CHING** / Gustavo Rocco
8- **HATHA YOGA** / David Lifar
9- **ENERGÍA** / Mónica Simone y Jorge Bertuccio
10- **ESENCIAS FLORALES** / Bárbara Espeche
11- **GRAFOLOGÍA** / Susana Tesouro de Grosso
12- **RADIESTESIA** / P. Ricardo Luis Gerula
13- **MER-KA-BA** / Bernardo Wikinski
14- **REIKI** / Mónica Simone y Jorge Bertuccio
15- **FENG SHUI** / Sergio Chagas
16- **QI GONG** / Mario Schwarz
17- **NIÑOS CRISTAL** / Sandra Aisenberg y Eduardo Melamud
18- **ADULTOS ÍNDIGO** / María Monachesi y Bárbara Limoncelli
19- **FUEGO, AIRE, AGUA Y TIERRA** / Ana Lía Ríos
20- **REENCARNACIÓN Y DESTINO** / Ione Szalay
21- **RUNAS** / Fabiana Daversa
22- **ANTROPOSOFÍA** / Roberto Crottogini
23- **CALENDARIO MAYA 2** / Claudia Federica Zosi
24- **AURA** / Bernardo Wikinski
25- **NUMEROLOGÍA** / Mirta Izquierdo, Mirta Pueyo y Carlos Menéndez
26- **TAROT 1: ARCANOS MAYORES** / Beatriz Leveratto
27- **TAROT 2: ARCANOS MENORES** / Beatriz Leveratto
28- **ALMAS GEMELAS** / Patricia H. Azulay
29- **CHAMANISMO** / Amalia Bassedas
30- **DICCIONARIO ESOTÉRICO** / Miguel Andreux
31- **GUÍA 1 – UNA SAGRADA EXPEDICIÓN AL REINO DE LOS ÁNGELES** / Hania Cjaskowski
32- **GUÍA 2 – UNA MÍTICA TRAVESÍA AL REINO DE LOS DUENDES Y LAS SIRENAS** / Hania Cjaskowski
33- **GUÍA 3 – UNA HEROICA CRUZADA AL REINO DE LAS HADAS Y LOS DRAGONES** / Hania Cjaskowski
34- **CARTAS MÁGICAS** / Hania Cjaskowski
35- **RASTAFARIS** / Darío Bermúdez
36- **EGIPTO REVELADO** / Fernando Schwarz
37- **REBIRTHING** / Claudia Dorda
38- **GEMOTERAPIA** / Bernardo Wikinski
39- **TAO Y SEXO** / Miguel Marlaire
40- **SUEÑOS** / Alejandro Parra
41- **YOGA Y ENERGÍA SEXUAL** / Edgardo Caramella
42- **ANATOMÍA ENERGÉTICA** / Livio J. Vinardi
43- **METAFÍSICA** / Rubén Cedeño
44- **SER ÍNDIGO** / Sandra Aisenberg, Eduardo Melamud
45- **CONCIENCIA MAYA** / Claudia Federica Zosi

CALENDARIO MAYA 2
El viaje en el tiempo

Claudia Federica Zosi

Colección

del Canal Infinito

Zosi, Claudia Federica
    Calendario Maya II : el viaje en el tiempo. - 1a. ed. - 3ª. reimp. -
Buenos Aires : Kier, 2006.
    160 p. ; 20x14 cm. - (del Canal Infinito)

    ISBN 950-17-7023-0

    1. Tarot I. Título
    CDD 133.324 2

Diseño de tapa:
www.rossidisegno.com
Director de arte:
Carlos Rossi
Director de la Colección:
Darío Bermúdez
Corrección:
Argelia Perazzo Olmos
Diagramación de interiores:
Mari Suárez
Ilustraciones y gráficos:
Laura Romano
Sitio web Infinito:
www.infinito.com
LIBRO DE EDICION ARGENTINA
ISBN-10: 950-17-7023-0
ISBN-13: 978-950-17-7023-0
Queda hecho el depósito que marca la ley 11.723
© 2006 by Editorial Kier S.A., Buenos Aires
Av. Santa Fe 1260 (C 1059 ABT), Buenos Aires, Argentina.
Tel: (54-11) 4811-0507   Fax: (54-11) 4811-3395
http://www.kier.com.ar - E-mail: info@kier.com.ar
Impreso en la Argentina
Printed in Argentina

Palabras preliminares
a la presente Colección

ASOMBRO CONSTANTE

En este preciso momento, mundos invisibles cruzan en silencio nuestra realidad, moldeándola como si fuera de arcilla y manejándola como una marioneta. La sospecha se confirma: un aprendizaje mayor espera ser develado a cada instante.

Mientras la ciencia misma se abre a un nuevo paradigma, se redescubren *flamantes* caminos milenarios. En busca de la libertad que da el conocimiento, cada vez más personas se interesan por una cirugía existencial. Ya no se cae en el error de *ajustar el territorio al mapa*, sino al revés. Los dogmas se dejan de lado y la exploración extiende los horizontes, con amplitud y a la vez con rigor.

Por consiguiente, hay una atracción por analizar el reverso del mundo, ese "revés de la trama" que guarda tanta información útil para la vida cotidiana. ¿Quién mejor que el único canal de TV dedicado las 24 horas a indagar "el otro lado" de la realidad, junto a la editorial más reconocida del sector en toda Hispanoamérica para hacerlo posible?

Es muy probable que seamos más sobrenaturales de lo que estamos dispuestos a admitir. En este escenario, la búsqueda se vuelve encuentro, una especie de coartada para evolucionar en algún sentido.

Esta serie de títulos ofrece la visión de especialistas e investigadores que favorecen la apertura de conciencia, reformulando tópicos de pensamiento, propiciando hallazgos y facilitando el ingreso en los misterios y las enseñanzas que el canal pone a diario en pantalla. Acercando no sólo respuestas, sino también los interrogantes adecuados.

El lector encontrará señales para mejorar el estado atlético de la reflexión y la evaluación, y así llegar después a la experiencia, individual e intransferible.

Es muy placentero contribuir a abrir la mente. Agradezco la confianza de los directores del canal Infinito y de la editorial Kier para concretar este proyecto, y la disposición de los autores hacia el objetivo común. Bienvenidos.

Darío Bermúdez
Director de la Colección – Bs. As., febrero de 2003

Darío Bermúdez es escritor. Creó "Búsqueda", medio de investigación en filosofía, arte y misticismo, y también dirige la "Colección Inicial Kier". Obtuvo varios premios como guionista (The New York Festivals, Lápiz de Oro, Promax de Oro y de Plata, etc.). Su libro de investigación "Profecías mayas - Increíbles revelaciones para nuestra época", de esta Colección, agotó rápidamente sus primeras ediciones. Creó las "Charlas para la Evolución" junto a sus autores en distintos países. Hoy integra el área de Producción Original de la señal de TV Infinito.

Palabras de José Argüelles
acerca de la autora y su obra

Claudia Federica Zosi estudia el Calendario de las 13 Lunas (Calendario Maya) desde hace 11 años. Desde que comenzó sus investigaciones, su entendimiento del Nuevo Tiempo ha madurado mucho, pudiendo hoy volcar sus enseñanzas en este libro. Ella puede difundir este conocimiento del tiempo natural por todo el planeta.

Es importante entender, en este momento de guerra, anarquía, terrorismo y desorden total, que la única manera de que la humanidad logre la paz universal es comenzando de nuevo en un Nuevo Tiempo. Lo primero para entrar en este Nuevo Tiempo es un nuevo calendario, el Calendario de las 13 Lunas, y el conocimiento de la Ley del Tiempo. Por medio del cambio del calendario, rechazando el viejo calendario gregoriano y reemplazándolo por el Calendario de las 13 Lunas, la humanidad obtendrá una nueva oportunidad.

Al atravesar el umbral del viejo tiempo de la guerra hacia el Nuevo Tiempo de la paz, todo el mundo, con este libro de Claudia

Federica Zosi (Espejo Espectral Blanco) en sus manos, puede aprender lo que es la Ley del Tiempo, la fundación de una paz universal y el camino hacia la salvación de nuestro planeta.

José Argüelles
Fundador del Movimiento de Paz
para el Cambio al Calendario de las 13 Lunas
Junio de 2003

Agradecimientos

Hace un tiempo, un maestro me enseñó que a través del agradecimiento se lograba cerrar un círculo energético entre quien da y quien recibe.

Por eso agradezco profundamente a todos los seres celestiales, interdimensionales, que siempre nos iluminan y guían.

Gracias a Valum Votan –José Argüelles–, por su sabiduría, entrega y amor incondicional.

Gracias a todos los seres que ayudaron a darle forma, color y vida a este libro.

Gracias a Cristina Grigna y a Darío Bermúdez, por su confianza y paciencia.

Gracias a Samyo y a mis dos hijos, Luz y Antariel, por su apoyo.

Gracias al Padre Sol, a la Madre Tierra y a la Abuela Luna.

Gracias al agua, al aire, a la tierra y al fuego.

Mitakuye Oyasim, gracias a todas mis relaciones.

Tañi mapu Piwkeyeyu (Tierra mía, te llevo en mi corazón).

Introducción

A través del tiempo los seres humanos hemos desarrollado máquinas para viajar en esta dimensión de la Tierra, desde bicicletas hasta los aviones más veloces, pero siempre queda una añoranza efímera del viaje en el tiempo.

Se realizaron series televisivas y películas que nos mostraban el viaje temporal utilizando máquinas y autos fantásticos y −la forma más acertada, a mi entender− a través de túneles de tiempo.

El viaje en el tiempo es telepático y se logra vibrando en la cuarta dimensión, que es la que nos abre la puerta a otras dimensiones y realidades. La comunicación entre los tiempos que llamamos *pasado*, *presente* y *futuro* se realiza a través de túneles de tiempo.

Siguiendo la Cuenta Sagrada del Tiempo (13 lunas de 28 días), establecemos un contacto con la cuarta dimensión del tiempo y las experiencias suceden por añadidura.

Te invito a subir a la nave del tiempo Tierra para viajar con el alma y la mente por la frecuencia telepática del tiempo. Bienvenido al viaje.

Capítulo 1
La importancia del cambio de calendario

El cambio de calendario anunciado en las profecías de los mayas es inminente. Salir de la frecuencia 12:60[1] del tiempo mecanizado, materialista y desequilibrado es urgente, ya que provoca desorden mental, social, económico, emocional; en fin: altera todos los cuerpos y planos de los seres de la Tierra y, por añadidura, al planeta mismo. El calendario gregoriano, que actualmente está siendo masiva y mundialmente usado, es la herramienta que nos mueve en la frecuencia 12:60, en la que el tiempo es dinero, en la que se genera la dominación del hombre por el hombre.

El calendario gregoriano es un calendario solar masculino, en el que no hay espacio para el espíritu, la mente o la conciencia. Este patrón de medida del tiempo carece de lógica y razón; adormece, detiene la mente. Cuando tratamos de hacer cálculos con él –por ejemplo, si queremos recordar qué día de la semana fue el 28 de agosto del año 1970–, tenemos que averiguar cuáles años fueron bisiestos y sobre esa base comenzar las cuentas. Hacer

[1] Aclaro: *12* se refiere a los 12 meses del año, y *60*, a los minutos de la hora.

todos estos cálculos trae desorden. Crea confusión mental, que de a poco nos lleva a agotar los recursos naturales de la Tierra y a aumentar la contaminación planetaria. Sólo al leer esto surgen las preguntas: ¿por qué tanto desorden?; ¿con un calendario puede cambiar esta situación? El calendario gregoriano es irregular y deforma la mente, llevándola a la autodestrucción.

Para provocar un cambio en esta situación de vida-mente es preciso volver al orden natural del tiempo, de 13 lunas de 28 días más el día Fuera del Tiempo. Este tiempo solar de 365 días contiene los 13 ciclos lunares femeninos en un orden perfecto de 4 semanas de 7 días cada una. El tiempo natural, cuya frecuencia es 13:20, nos lleva a la conciencia de que el tiempo es arte. Para la Cuenta Solar-Lunar-Galáctica el año comienza el 26 de julio (porque se produce una alineación de soles ese día) y termina el 24 de julio, quedando el 25 de julio como Día Fuera del Tiempo. Este día es de celebración, meditación, arte, paz y agradecimiento.

• Dinero *versus* arte: esquemas comparativos de cuentas del tiempo

¿En cuál de estas cuentas confiarías más, para darle una medida precisa y armoniosa a tu tiempo, a tu vida y a tu futuro[2]?

1	2	3	4	5	6	7	8	9	10	11	12
31	28 ó 29	31	30	31	30	31	31	30	31	30	31

Calendario gregoriano de 12 meses irregulares: "El tiempo es dinero".

[2] En la primera fila se señalan las grandes unidades en que se divide el año –meses, de acuerdo con la terminología habitual–; en la segunda, la cantidad de días de cada una de dichas unidades.

1	2	3	4	5	6	7	8	9	10	11	12	13
28	28	28	28	28	28	28	28	28	28	28	28	28

Calendario de las 13 lunas de 28 días: "El tiempo es arte".

Como sabemos, un calendario es un instrumento que sirve para medir el tiempo. Pero para que sea realmente válido científicamente sus unidades mínimas deben ser regulares. Por ejemplo: en la cuenta métrica, cada centímetro debe ser igual al otro, porque, si no, se crea algo distorsionado. Por esto decimos que el calendario gregoriano, como patrón de vida, es irregular y desordenado, y trae confusión y adormecimiento.

Es *tiempo* de reformar la *cuenta del tiempo*.

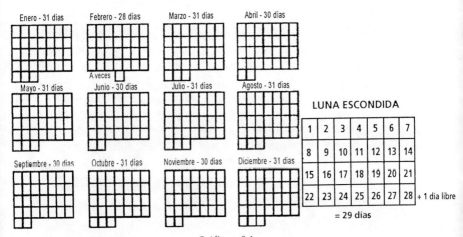

**CALENDARIO GREGORIANO
IRREGULAR - DESARMONIOSO**

Enero - 31 días Febrero - 28 días Marzo - 31 días Abril - 30 días

A veces

Mayo - 31 días Junio - 30 días Julio - 31 días Agosto - 31 días

LUNA ESCONDIDA

1	2	3	4	5	6	7
8	9	10	11	12	13	14
15	16	17	18	19	20	21
22	23	24	25	26	27	28

+ 1 día libre

= 29 días

Septiembre - 30 días Octubre - 31 días Noviembre - 30 días Diciembre - 31 días

Gráfico n.° 1
El calendario gregoriano, en su forma irregular de disponer los días, esconde una luna (o sea, un nuevo mes), además de un día (el n.° 365), que es libre cada año.

Este calendario gregoriano tiene una luna escondida, que se crea a partir de la suma de los días en desequilibrio. Cuenta y verás que es perfecto: 1 mes de 28 días, al cual se añade el Día Fuera del Tiempo, también llamado "Día Verde".

El proyecto de cambio de calendario que solicita el Movimiento de Paz para el Cambio al Calendario de las 13 Lunas ya se ha presentado ante el Vaticano y la Organización de las Naciones Unidas en varias oportunidades. Veamos algunos de los puntos que se incluyeron en el petitorio:

1) Se requiere un *standard* de medición en el que las unidades sean regulares e iguales entre sí; que los meses o lunaciones tengan siempre la misma cantidad de días y se igualen entre sí; que no exista irregularidad de meses (meses de 30, 31 y 28 o 29 días). Recordemos que seguir un patrón ordenado de tiempo ordena nuestra mente.

El calendario gregoriano, como ya dijimos, dificulta los cálculos de las fechas de los días. Tiene 52 semanas más un día, pero al estar distribuidas en meses irregulares, cada año los días cambian de nombre. Si deseamos saber, por ejemplo, qué día será el 21 de diciembre de 2012, deberemos detener la mente, cortando nuestro contacto telepático natural, para hacer los cálculos y obtener la respuesta.

En la Cuenta del Tiempo de las 13 Lunas de 28 Días, que es perpetua, siempre el primer día de cualquier semana –por ejemplo– se llama "Dali"; entonces, si el número del día es 1, 8, 15 o 22, sabremos que siempre será Dali (este tema es ampliado en el Capítulo 6).

No es necesario detener la mente para hacer cálculos, y así la mente individual es liberada en la inteligencia telepática, que es parte de la mente comunitaria planetaria.

2) Los nombres de los meses deben seguir la cosmología del tiempo. Esto no ocurre en el calendario gregoriano, que lleva numeraciones irregulares y nombres de emperadores. Veamos los nombres de algunos de ellos: "marzo" se refiere a Marte, dios de la guerra; "abril" y "mayo" aluden a diosas de la primavera; "junio" fue puesto en honor a Juno, esposa de Júpiter, diosa del matrimonio, a quien en la mitología griega se llama Hera; "julio" y "agosto" constituyen un homenaje a dos emperadores romanos, Cayo *Julio* César (101-44 a. de C.) y César Octavio, llamado *Augusto* (63 a. de C.- 14 d. de C.); "septiembre" quiere decir 'séptimo' y es el mes noveno; "octubre" significa 'octavo' y es el mes décimo; "noviembre" quiere decir 'noveno' y es el mes undécimo; y "diciembre" significa 'diez' y es el mes doce (esto deriva del primitivo calendario romano, de diez meses). Seguir este patrón durante tanto tiempo hace que pasemos por alto estos detalles que marcan con claridad la superficialidad y el desorden.

3) Se solicita suprimir el año bisiesto. El año bisiesto y el día bisiesto son los aspectos que distinguen al calendario juliano (calendario nacido de la reforma de Julio César) del calendario gregoriano (calendario de uso actual, que surge de la modificación del juliano realizada por el papa Gregorio XIII, en el año 1583). El día bisiesto es el día extra que se acumula cada cuatro años debido a la duración del año, de 365,241299 días y no de 365. Se ve que la fracción 0,241299 no es exacta: $1/4$ sería 0,25[3].

---

[3] Recordemos que $1/4$ es la fracción de día extra que corresponde a cada año (si hay un día extra cada cuatro años, a cada uno de estos años le corresponde, en teoría, $1/4$ de día extra).

Esta consideración no se tuvo en cuenta en el calendario juliano, lo que llevó a un arrastre del error, llegando a poner el equinoccio de primavera en otoño.

Una de las modificaciones que realizó el papa Gregorio XIII fue la inserción del 29 de febrero como día extra, cada cuatro años. Adoptó como salvedad a esta regla que no habría día extra en los años que expresasen el número exacto del siglo (1500, 1600, 1700, etc.), excepto en aquellos cuyo número de siglo fuera múltiplo de 4. Por lo tanto, no hubo día extra en el año 1900, pero en el año 2000 sí. Algo para destacar es que el Vaticano no reconoce el día bisiesto en su calendario ceremonial. Analicemos esto: si el año bisiesto es cada cuatro años, ¿por qué se denomina con una palabra que alude a *seis*, "sestil"?

En el calendario litúrgico no hay 29 de febrero, pero hay dos 24 de febrero. Ese día es la fiesta de San Mateo, que se extiende por 48 horas. La tradición de la iglesia deriva de los romanos, quienes contaban los días "hacia atrás" desde tres puntos fijos en el mes: *calendae*, que era el primer día del mes; *idus*, que era el día 13 en unos meses y el 15 en otros; y *nones*, que era el día noveno antes de los *idus*. El 24 de febrero era el *"sextus calendas Martii"*, esto es, el sexto día antes de las calendas de marzo (el 25 de febrero era, pues, el quinto día antes de las calendas, el 26 el cuarto, etc.). Dado que, por su particular forma de denominar y contar los días, los romanos no podían "alargar" el mes, al entrar en vigencia la reforma juliana decidieron repetir un día. El elegido fue el 24 de febrero. Este día repetido se denominó, entonces, *"bis sextilis"* (*"bis"*, 'dos'; *"sextilis"*, en alusión al sexto día antes de las calendas de marzo). El

29 de febrero apareció en la tradición popular en los siglos XVI y XVII. Este día bisiesto, lejos de tener una esencia espiritual, contribuye al adormecimiento planetario en un grado más profundo de desorden.

Cada año gregoriano se repite cada 28 años; los días de la semana y el mes coinciden. Por ejemplo, el año 2004 es repetición del año 1976. ¡En cualquier ciclo de 28 años siempre hay exactamente siete años bisiestos! De esta manera, los números-código 28 y 7, claves de la ley del tiempo, están ocultos e incluso gobiernan el calendario gregoriano.

El Tzolkin[4] es una armonía que codifica la ley del tiempo, mientras que el calendario gregoriano es una desarmonía gobernada por la ley del tiempo.

4) Cambiar la palabra *calendario*, ya que nace vinculada al nombre del libro en que se registraban las deudas y cuentas a pagar al primer día del mes *(calendae)*. Habría que reemplazarla por una denominación más apropiada, como, por ejemplo, *sincronómetro* o *Cuenta de las 13 Lunas de 28 Días,* que es aún más simple.

El nombre de la cuenta del tiempo tiene que provocar armonía, paz e igualdad.

[4] El Tzolkin es la Matriz Sagrada de 260 Kines, resultado de combinar los 20 Sellos y los 13 Tonos (véanse los capítulos que siguen).

TZOLKIN SAGRADO

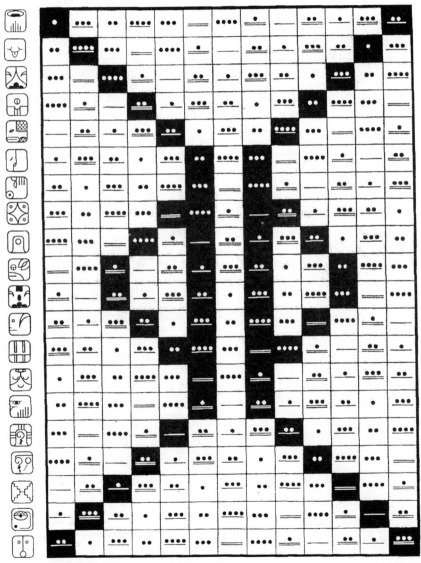

Gráfico n.º 2

Veamos los nombres de las dos reformas más importantes: el calendario juliano (años 46-45 a. de C.) se llama así en honor a su instaurador, Julio César, tal cual vimos, y el calendario gregoriano (año 1582), en honor al papa Gregorio XIII, quien ordenó la reforma. El de Julio César aseguraba ser la base de un imperio donde reinaba su ambición personal. Ya teniendo el impulso energético del dominio, el calendario gregoriano siguió con una misión similar. Los 445 días del "año de la confusión"[5] (46 a. de C.), que atendió a la reforma de Julio César, pueden equipararse a los 10 días que se perdieron al entrar en vigor la reforma de Gregorio[6]. Sin embargo, el calendario gregoriano es usado por todo el globo "porque sí", y de esta manera reina lo artificial sobre lo natural. El planeta está en crisis ecológica; nuestra madre Tierra y sus reinos se están asfixiando. Es preciso hacer el cambio al Calendario de las 13 Lunas de 28 Días para retornar al orden natural del tiempo y salvar al planeta.

Anteriormente al Calendario de las 13 Lunas se presentaron otros proyectos de reforma del calendario gregoriano, pero fueron inútiles, aunque argumentaban acerca del desorden irracional que el gregoriano generaba en el plano social. A mediados del siglo XX hubo un gran movimiento para cambiar el calendario gregoriano. En 1923 la Liga de las Naciones convocó a la presentación de propuestas, y se recibieron aproximadamente 500, pero en 1931 sólo se consideraron tres, que son las siguientes:

---

[5] El aumento en la cantidad de días buscaba compensar el retraso acumulado por el calendario anterior.
[6] Gregorio hizo suprimir los días entre el 4 y el 15 de octubre de 1582, para poder "alcanzar" al sol (hacer coincidir la cuenta del tiempo con los fenómenos astronómicos). Así, pues, del 4 de octubre de 1582 se pasó directamente al 15 del mismo mes.

a) La Organización Internacional del Calendario, representada por el Sr. Broughton Richmond, promovía un calendario de 5 ciclos de 73 días (lo que da un total de 365 días). De acuerdo con este proyecto, el año se dividía en 12 meses de 5 semanas de seis días más un ciclo de 5 días.

b) La Liga Internacional del Calendario Fíjo, representada por el Sr. Moses Cotsworth, propuso un calendario que también era promovido por Eastman Kodak y la Cámara de Comercio Internacional. Este calendario es esencialmente igual al de las 13 Lunas de 28 Días, hasta en el Día Fuera del Tiempo. Difiere en los tiempos de comienzo y finalización.

c) La Asociación del Calendario Mundial, representada por Elizabeth Acheles, promovía un calendario mundial, una versión modificada del calendario gregoriano de 12 meses, que también incluía un día nulo o fuera de la cuenta de los días del año.

En el año 1931 se rechazó cualquier posibilidad de reforma que suspendiera la sucesión de siete días de la semana como estaba estructurada en el calendario gregoriano. Como en los tres proyectos presentados se alteraría esta secuencia, fueron finalmente obviados. En 1956 la ONU (Organización de las Naciones Unidas) suspendió el debate acerca del cambio. En 1961 el Concilio Vaticano II afirmó que no se oponía a la reforma con la condición de que no se interrumpiera la semana y se respetara la Pascua como festividad móvil.

En 1987 el libro *El factor maya*, de José Argüelles, planteó una nueva visión acerca del tiempo con la profecía del fin de ciclo. En este libro José Argüelles muestra el calendario maya no como una cuenta de días plana y lineal, sino que abre las puertas al conocimiento de la cuarta dimensión, del pasado, presente y futuro unificados en el tiempo circular. Con esta nueva conciencia del tiempo circular se movilizan las estructuras del tiempo concebidas hasta el momento para dar lugar a una comprensión mayor, que puede crear los cambios necesarios para una vida en armonía con la naturaleza. La profecía maya del fin de ciclo nos revela el cambio de calendario y de conciencia planetaria para el año 2013.

En una de las respuestas a las presentaciones del proyecto del cambio al Calendario de las 13 Lunas de 28 Días, el Vaticano señala que el Día Fuera del Tiempo (el 25 de julio) interrumpiría la sucesión de siete días, que –afirma– es un orden puesto en movimiento por Dios. Pero resulta que el sistema de siete días de la semana viene del calendario judío, que a su vez deriva del de los babilonios (quienes lo implantaron basándose en que el 7 es un número astronómico y astrológico). Una cuenta de 52 semanas de 7 días tiene sentido si se sigue una cuenta de 13 lunas de 28 días. Vemos que el siguiente cálculo es perfecto: 7 días por 52 semanas es igual a 364, que es igual a 13 lunas de 28 días. El Día Fuera del Tiempo produce armonía, ya que es un momento de gran sincronía interplanetaria, que nace del arte, del amor y del respeto a la vida.

El Movimiento de Paz para el Cambio al Calendario de las 13 Lunas, coordinado a través de la Fundación de la Ley del Tiempo, tiene como objetivo principal presentar la reforma del calendario, ya que sabemos que, si no se produce en la próxima década, será el fin de la civilización como la conocemos.

Es importante que la verdad del orden sincrónico del tiempo sea descubierta y revelada como el Tzolkin 13:20 (combinación de los 20 Sellos Sagrados con los 13 Tonos Galácticos), coordinado con la Cuenta de las 13 Lunas de 28 Días (cuenta del tiempo natural, que armoniza al planeta Tierra y a todos los seres que lo habitamos).

Como señalamos antes, José Argüelles ya ha llevado al Vaticano (y no sólo una vez) el proyecto de cambio, y también lo entregó a la ONU.

Es urgente el cambio al tiempo natural

Si tienes acceso a cuerpos diplomáticos, gobiernos o medios de comunicación, solicitamos tu ayuda para llevar a cabo este cambio de calendario, tan importante para el planeta y los habitantes de sus diferentes reinos.

Capítulo 2
Los Sellos sagrados mayas:
descripciones e interrelaciones

Los Sellos sagrados mayas son esencialmente números, notas musicales que responden a una escala de 20 vibraciones diferentes, lo cual hace que tomen distintas formas. Los Sellos son manifestaciones tridimensionales de las pulsaciones del sol, que en forma de ondas de sonido tocan cada día la puerta entre la tercera dimensión y dimensiones superiores. Esta puerta es llamada *umbral galáctico cuatridimensional*.

Cada Sello identifica a una Tribu Solar. Las 20 Tribus son agrupaciones de viajeros galácticos generadas por el principio cromático de la quinta fuerza, moviéndose a través de cuatro clanes. También son conocidas como las 20 Tribus del Tiempo. Su propósito es estabilizar las órbitas de este sistema solar, llamado por los mayas *"Kinich Ahau"*; también se lo denomina "Velatropa 24". Estas 20 Tribus traen misiones que son las esencias mismas que el sol les impregnó para que juntas lograsen la iluminación del planeta Tierra.

RAZAS

La agrupación por razas de los 20 Sellos sagrados está determinada por la cromática que sigue el orden de creación: rojo, blanco, azul o negro y amarillo. Hacen referencia a las razas humanas encarnadas en la Tierra, no por el color de su piel sino por la esencia de cada una. Éste es uno de los órdenes de las 20 Tribus que determina otro aspecto de la misión que cada una contiene.

- La Raza *Roja* es *iniciadora*.

- La Raza *Blanca* es *refinadora*.

- La Raza *Azul* es *transformadora*.

- La Raza *Amarilla* es *maduradora*.

Veamos los sellos que componen cada una de las razas:

- La Raza Roja está conformada por los sellos del Dragón (que inicia la nutrición del ser), de la Serpiente (que inicia la supervivencia desde el uso de la fuerza vital), de la Luna (que inicia la purificación a través del fluir), del Caminante del Cielo (que inicia las exploraciones para unir la Tierra y los Cielos) y de la Tierra (que inicia los procesos evolutivos desde la sincronía).

- La Raza Blanca está conformada por los sellos del Viento (que refina comunicando el espíritu), del Enlazador de Mundos (que refina trascendiendo el ego), del Perro (que refina amando incondicionalmente), del Mago (que refina viviendo el ahora, el presente eterno) y del Espejo (que refina reflejando el orden eterno).

- La Raza Azul está conformada por los sellos de la Noche (que transforma desde los sueños), de la Mano (que transforma conociendo cómo curar), del Mono (que transforma jugando, con la ilusión), del Águila (que transforma creando nuevas visiones) y de la Tormenta (que transforma acelerando los procesos de autogeneración).

- La Raza Amarilla está conformada por los sellos del Sol (que madura iluminando con el poder del fuego universal), de la Semilla (que madura floreciendo hacia la unificación), de la Estrella (que madura en el arte, embelleciendo), del Humano (que madura transitando hacia la sabiduría) y del Guerrero (que madura con intrepidez e inteligencia).

Daré un ejemplo muy simple de cómo se desempeña cada Raza, empleando un lenguaje adecuado para el "jardín de infantes galáctico" que estamos transitando: *supongamos que un grupo de seres humanos quiere hacer una fiesta y está tratando de ver cómo se realizará la torta. En este caso, los que pertenezcan a la Raza Roja iniciarán el propósito; por lo tanto, elegirán la receta y traerán los ingredientes necesarios. Los que pertenezcan a la* Raza Blanca *seleccionarán los ingredientes más adecuados, refinando. Los que pertenezcan a la* Raza Azul *tendrán la misión de transformar los ingredientes en masa de torta. Los que pertenezcan a la* Raza Amarilla *madurarán el propósito cocinando la torta y, una vez que esté lista, la repartirán entre todas las Razas. Este tipo de organización permite que cada ser pueda ordenarse y hacer sólo lo que le corresponde. Esto mejorará la calidad de vida, ya que en la actualidad todos hacen todo...*

A medida que vamos profundizando, se evidencia que la energía que reina en la práctica del Calendario de las 13 Lunas es el

orden que equilibra tareas entre seres, creando la igualdad y la
armonía.

LOS 20 SELLOS SAGRADOS ORDENADOS POR RAZAS

Gráfico n.º 3

TRIBUS

Las tribus son las agrupaciones de seres, días o situaciones que
pertenecen a un mismo Sello, a una misma esencia. Como ya
dijimos, existen 20 Tribus; cada una está representada por un
Sello Sagrado del Tzolkin, el cual define su misión.

Tribu 1: Imix (Dragón)

Es la fuente de vida, el agua primordial, la madre cósmica. Da alimento, nutre en todos los planos. Tiene el poder del nacimiento y del servicio. Representa el aspecto femenino de Dios. Es enérgico, protector y dominador de una forma maternal o paternal. Está siempre lidiando con una gran variedad de sentimientos. El don del Dragón es el poder de gestar como la madre primera, con receptividad y fe. Trae la memoria cósmica.

Tribu 2: Ik (Viento)

Es el espíritu, la respiración, el aliento divino que inspira energía y conciencia cósmica. Es el aspecto masculino de Dios. Es verdad, presencia, cocreador de la realidad. Es la esencia oculta de la energía solar. Posee espontaneidad y simplicidad. Transforma la dualidad en unidad. Simboliza la iniciación del sagrado árbol de la vida que representa la evolución del espíritu hacia la realización y la unión. Refleja la verdad. Trae el poder del verbo.

Tribu 3: Akbal (Noche)

Es el lugar del misterio, la casa, la oscuridad, también el interior de la caverna, la introspección. Sueña la abundancia. Despierta la intuición. La Noche es profunda, pensativa. Recibe informaciones y las transmite. Conservadora, organizadora, da mucha importancia al hogar. Es el abismo y la serenidad, el lugar para la contemplación interna del subconsciente. El que pertenece a esta tribu, entonces, es el conocedor de la Noche y guardián de la morada inconsciente. La Noche es la luz mezclándose con la oscuridad, es la exploración de los sueños individuales y planetarios. Trae la abundancia.

Tribu 4: Kan (Semilla)

Es el poder generativo, sexo y reproducción. Se mueve hacia el florecimiento, ordenando el crecimiento. Es maduración, esquema de la luz. Vida informada. La Semilla es el maíz que muestra en su mazorca la progresión de la armonía ordenada. Es la verdadera religión que unifica, es la religión universal. Trae apertura y florecimiento.

Tribu 5: Chicchán (Serpiente)

Es la fuerza vital, el cerebro reptil, la supervivencia. Genera vitalidad, salud y energía. Es analítica, astuta, certera. Maneja la energía sexual. Es la Serpiente *kultanlilni* o *kundalini*, que purifica y da vitalidad. Representa la estructura básica de los deseos, motivaciones e instintos. Simboliza la conexión entre las vivencias físicas y la luz de una conciencia más elevada. Integra cuerpo, mente y espíritu. Trae la vitalidad.

Tribu 6: Cimí (Enlazador de Mundos)

Es la muerte, la transmutación, la trascendencia. Es la desintegración del ego (personalidad) y de lo físico; trae la revelación. Es el hacedor de puentes, el que enlaza, une los mundos interno y externo. Permite la regeneración y la reencarnación. Es la entrega al ser más allá de la personalidad. Cimí enseña a través de la muerte, que puede venir como pérdida de trabajo, quiebra, aparente traición. Muere para luego renacer en un escalón superior. Trae la igualdad.

Tribu 7: Manik (Mano)

Es el poder de concreción, de realización, de cierre. Tiene generosidad y altruismo, nobleza, como también temor, nerviosismo, preocupación, atención y tensión constantes. Es la curación física. Gran trabajadora. Vive en el mundo de la razón, de la mente. Posee franqueza e individualidad. La Mano es la apertura de una comprensión a otra. La esencia de este Sello se asocia a la danza y a la belleza. La energía que posee ayuda a desarrollar y manifestar los talentos espirituales, sobre todo la intuición. Trae la curación.

Tribu 8: Lamat (Estrella)

Es la armonía, la octava, el arte, la belleza, la elegancia. Percibe un patrón de vida superior. Es la Semilla estelar, llena de amor. La Estrella es práctica, fértil, próspera, luchadora. Representa el escudo de Arturo y también la esencia de Venus. Simboliza los ciclos armoniosos de cuerpos celestes en sagrada relación. Para los mayas la Estrella representa al conejo, cuya suavidad y ternura son el camino hacia el amor. Trae la armonía.

Tribu 9: Muluc (Luna)

Es la gota de lluvia, el fluir, la purificación del espíritu y de las emociones. Es el principio de comunicación y expansión de la vida superior. Es dominada por sentimientos fuertes y puede tener poderes psíquicos despiertos. Es cambiante, vulnerable. Es maternal con las Semillas cósmicas que han despertado conscientemente. Es guía divina, faro de luz. Es la que calma la sed con sus aguas claras y limpia con las lluvias. Es mensajera de Dios. Trae fluidez.

Tribu 10: Oc (Perro)

Es el cerebro mamífero, la lealtad, la fidelidad, el amor incondicional. Tiene una intensa vida emocional. Se hace valer imponiéndose. Trabaja bien en equipo y también puede ser líder. Es buen amigo. Sabe reconocer a sus compañeros de vida en cada etapa. Es influenciable y confiado. El Perro expresa la relación con el pasado como posibilidad de limpieza del ego, transmutando soberbia en amor y servicio. Trae el amor incondicional.

Tribu 11: Chuen (Mono)

Es el artista, que juega con alegría. Es cocreador de la vida superior. Es flexibilidad, soltura, risa, danza, celebración. También representa al alquimista. Científico, matemático inteligente. Curioso, explorador de la curación natural. Opera desde los mundos psíquicos y emocionales. Llega a las bases de un conocimiento y lo entrega. Es inocente, muestra espontáneamente a su niño interno. Es sabio, simple y alegre. Trae la magia.

Tribu 12: Eb (Humano)

Es la libre voluntad, la sabiduría ancestral, el camino hacia la mente superior. Es receptor de las fuerzas cósmicas. Vive por el cuerpo emocional y opera a partir del mundo psíquico. Tiene conciencia global. Es el Grial, la Piedra Filosofal; es contenedor de la luz. Reconoce su cuerpo de luz dentro del cuerpo físico. Es un guerrero del servicio planetario. Es la conciencia aborigen manifestada. Trae la sabiduría.

Tribu 13: Ben (Caminante del Cielo)

Es el pilar entre el Cielo y la Tierra, el puente entre lo divino y lo terrenal. Explorador, investigador, vigilante, defensor de la verdad. Pacificador, luchador en eterna búsqueda. Asume desafíos que a su vez lo desafían a domar su naturaleza obstinada. Tiene conexión universal. Es el principio de crecimiento de la mente superior. Expande la luz en sus viajes temporales-espaciales. Trae mensajes del cielo.

Tribu 14: Ix (Mago)

Es el hechicero, el jaguar. Representa la atemporalidad; vive el aquí y ahora, el presente. Habita en el reino de las emociones y de la espiritualidad. Tiene energía felina; es el vidente de la Noche. Obtiene los poderes mágicos en un nivel superior de desarrollo consciente individual. Es fuerte, luchador y muy visionario. Puede tener poderes psíquicos despiertos. Se interesa por lo ceremonial y dogmático. Es un gran curador de sí mismo y de otros. Integra el saber desde el corazón, se alinea con la voluntad divina. Es el Gran Sacerdote, es el Chamán. Trae la atemporalidad.

Tribu 15: Men (Águila)

Es la creación de nuevas visiones, es la mente colectiva superior. Valiente, osada, tiene conciencia planetaria integrada; opera desde las emociones y desde la mente. Es independiente y ambiciosa. Se inclina por el estudio científico o técnico. Es exigente y crítica. Puede desarrollar la telepatía con facilidad. Se compromete con el servicio. Representa la evolución de la conciencia individual hacia la mente planetaria. Trae la visión.

Tribu 16: Cib (Guerrero)

Es inteligencia, fuerza cósmica, intrepidez, valentía. Dios del fuego, se asocia a la prosperidad. Lleva una vida metódica, planificada y disciplinada. Guerrero del espíritu, activa desde el corazón universal. Cuestiona la inteligencia. Tiene la capacidad de entender y usar la telepatía. Posee la habilidad de conectarse con la conciencia galáctica y comunicarla. Es un místico que va de viaje de retorno a las estrellas por el camino del arco iris vibrando en el no-tiempo. El Guerrero transita por el sendero dorado del medio, que une al corazón con la mente a través de la devoción divina y el servicio. Cib es el guardián de la sabiduría de Sirio y de las Pléyades. Trae la inteligencia superior.

Tribu 17: Cabán (Tierra)

Es la navegación hacia la evolución, la búsqueda de la unión en el tiempo, la fuerza terrestre, la sincronicidad. Corazón de la galaxia, energía de la tierra, alineación de las fuerzas planetarias. Es liberal y progresista. Su rol es el de custodio planetario. Sana con cristales.

La Tierra es el centro de la alineación en el hoy. Cabán anuncia el quinto mundo y el sexto sol de las flores. Trae la sincronía.

Tribu 18: Etznab (Espejo)

Es la eternidad, es la espada de la sabiduría y la purificación, que corta lo que no es o no debe ser, a través del ritual del golpe, ritual del cuchillo. Enfrenta la vida con estrategia, combate con templanza. Es el autosacrificio del ego, que produce la luz y la conciencia verdadera de sí. Lucha internamente con valor y renunciamiento. Es la Sala de los Espejos, que refleja las múltiples facetas a purificar. Es el patrón ritual de la "ausencia de tiempo". Refleja el orden. Es un guerrero espiritual que sabe discriminar, que enfrenta a la sombra con la espada de la verdad. Trae el orden.

Tribu 19: Cauac (Tormenta)

Es la transformación plena y acelerada que precede a la realización y a la iluminación. Es el trueno que brota del ser, la palabra divina del corazón del cielo. Cataliza la autogeneración; opera a partir del mundo espiritual y del corazón universal. Es amistosa y servicial. Le atraen las religiones y las filosofías y se preocupa por la sanación y por la purificación. Es el éxtasis de la liberación. Trae la autogeneración.

Tribu 0 ó 20: Ahau (Sol)

Luz, fuego universal, iluminación y conciencia. Es la mente solar, el *logos* solar, la maestría y la sabiduría. Tiene brillo interior, que se manifiesta y se emana. Puede realizar el despertar del cuerpo solar. Posee espiritualidad, luz y habilidad para enfocar al todo galáctico. Abarca y genera el ciclo total. Es entrega, unión, amor incondicional. Se prepara para la ascensión a la luz mayor. Trae la luz.

Cómo se relacionan entre sí

Veamos cómo las Razas interrelacionan sus misiones, operando como un ciclo de vida que lleva a la unidad.

La luz del *Sol* llega con la fuerza del fuego universal, iluminando al *Dragón*, quien nutre y da nacimiento a la memoria cósmica, que es comunicada por el *Viento* con el poder del espíritu. La *Noche*, que sueña y sueña, crea la vida, que se pone en marcha a través de la *Semilla*, que presta su vientre para gestarla y la hace florecer. Aquí, en nuestro camino evolutivo, el Sello de la *Serpiente*, a través de la fuerza vital de la sangre, permite la encarnación, y los seres se convierten en chamanes cruzando el puente de la muerte que construyó el *Enlazador de Mundos*, trayendo de vuelta el conocimiento de la *Mano* que cura con el arte y la belleza de la *Estrella*. El conquistador hace que la sangre trascienda a través de la *Luna*, del fluir de la sangre que purifica la tierra, enraizando el poder de la luna y de la mujer en el planeta. El chamán conoce el amor incondicional del *Perro* y se transforma en el *Mono*, que hace alquimia con su magia, permitiendo que salga el niño interno. Éste, jugando y riendo, se vuelve sabio como el *Humano*, que respeta el libre albedrío, entregando el conocimiento experimentado y compartiéndolo, para convertirse en el *Caminante del Cielo*, que tiene el poder de profecía y trae los mensajes del Cielo a la Tierra. En esa sagrada conexión el ser se transforma en *Mago*, que cierra el ciclo de la reencarnación y, con la conciencia del tiempo presente, se eleva en el vuelo del alma como si fuera un *Águila*, que crea una visión activando al ser como *Guerrero* del Arco Iris. Éste, conectado con la inteligencia superior y navegando con la *Tierra*, evoluciona hacia el laberinto del *Espejo*, que le permitirá la transparencia necesaria para viajar al ojo de la *Tormenta*. Allí realizará la última purificación, que lo transformará nuevamente en luz del *Sol*.

CLANES

La quinta fuerza, también conocida como "fuerza G" o poder organizador quinto dimensional, es un factor matemático cromático que hace girar al tiempo galáctico. En este movimiento surgen clanes que se basan en los cuatro elementos galácticos y se corresponden con un color.

Cada clan es una agrupación de cinco Sellos, que están relacionados con los elementos galácticos Fuego, Sangre, Verdad y Cielo. Dentro del camino evolutivo de los Sellos se va produciendo la transformación de los elementos que permite completar cada veinte días un ciclo de vida.

Clan del Fuego (Amarillo)

Comienza y culmina con un Sello de color amarillo e incluye los siguientes Sellos pertenecientes a la cromática amarilla.

NÚMERO DE LA TRIBU	Tribu 0 ó 20	Tribu 1	Tribu 2	Tribu 3	Tribu 4
NOMBRE DE LA TRIBU	Ahau (Sol)	Imix (Dragón)	Ik (Viento)	Akbal (Noche)	Kan (Semilla)
PODER	Fuego universal	Nacimiento	Espíritu	Abundancia	Florecimiento

El Sol genera el fuego, iluminando al Dragón, que nos nutre transmitiendo el nacimiento; el Viento da energía al fuego con la fuerza del espíritu, comunicándolo a la Noche, que protege al fuego, creando la abundancia para que la Semilla pueda florecer como fruto del fuego, convirtiéndose en sangre.

Clan de la Sangre (Rojo)

Comienza y culmina con un Sello de color rojo e incluye los siguientes Sellos pertenecientes a la cromática roja.

NÚMERO DE LA TRIBU	Tribu 5	Tribu 6	Tribu 7	Tribu 8	Tribu 9
NOMBRE DE LA TRIBU	Chicchán (Serpiente)	Cimí (Enlazador de mundos)	Manik (Mano)	Lamat (Estrella)	Muluc (Luna)
PODER	Fuerza vital	Muerte	Realización	Arte	Purificación

La Serpiente genera la sangre, encarnando la vida y dándole fuerza vital, la que usará el Enlazador de Mundos para trascender la muerte. La Mano da energía a la sangre conociendo cómo curar. Así la Estrella protegerá la vida y la Luna culminará el Clan de la Sangre fluyendo y purificando el ser: la sangre se convierte en verdad.

Clan de la Verdad (Blanco)

Comienza y culmina con un Sello de color blanco e incluye los siguientes Sellos pertenecientes a la cromática blanca.

NÚMERO DE LA TRIBU	Tribu 10	Tribu 11	Tribu 12	Tribu 13	Tribu 14
NOMBRE DE LA TRIBU	Oc (Perro)	Chuen (Mono)	Eb (Humano)	Ben (Caminante del Cielo)	Ix (Mago)
PODER	Amor	Magia	Sabiduría	Exploración	Atemporalidad

El Perro genera la verdad del amor puro con la fuerza de su corazón, que el Mono transmitirá mágicamente jugando. El Humano dará energía a la verdad, respetando la libre voluntad. El Caminante del Cielo, con su poder explorador y unificador de espacios, unirá la verdad del cielo y la tierra para que llegue pura al Mago, que la hará vibrar en la frecuencia del presente convirtiendo la verdad en cielo.

Clan del Cielo (Azul)

Comienza y culmina con un Sello de color azul e incluye los siguientes Sellos pertenecientes a la cromática azul.

NÚMERO DE LA TRIBU	Tribu 15	Tribu 16	Tribu 17	Tribu 18	Tribu 19
NOMBRE DE LA TRIBU	Men (Águila)	Cib (Guerrero)	Cabán (Tierra)	Etznab (Espejo)	Cauac (Tormenta)
PODER	Visión	Inteligencia	Evolución	Sin fin	Autogeneración

El Águila genera el cielo creando una nueva visión que el Guerrero transmitirá inteligentemente. La Tierra dará energía al cielo para lograr la evolución, que será protegida por el Espejo, custodio eterno del cielo. La Tormenta culmina el cielo autogenerando el camino de retorno al fuego sagrado inicial: el cielo se vuelve fuego.

Las 20 Tribus así organizadas nos muestran cómo los elementos Fuego, Sangre, Verdad y Cielo se ordenan para que el ciclo de la vida se manifieste armoniosamente.

En el gráfico siguiente también puede verse cómo las Tribus *se dividen en familias*. Pasemos ahora a este tema.

LOS 20 SELLOS SOLARES
–ORDENADOS POR CLANES, ESCALAS CROMÁTICAS Y FAMILIAS TERRESTRES–

FAMILIA POLAR			
Sol Tribu 0/20	Serpiente Tribu 5	Perro Tribu 10	Águila Tribu 15

FAMILIA CARDINAL			
Dragón Tribu 1	Enlazador de Mundos Tribu 6	Mono Tribu 11	Guerrero Tribu 16

FAMILIA CENTRAL			
Viento Tribu 2	Mano Tribu 7	Humano Tribu 12	Tierra Tribu 17

FAMILIA SEÑAL			
Noche Tribu 3	Estrella Tribu 8	Caminante del Cielo Tribu 13	Espejo Tribu 18

FAMILIA PORTAL			
Semilla Tribu 4	Luna Tribu 9	Mago Tribu 14	Tormenta Tribu 19

CLAN del FUEGO	CLAN de la SANGRE	CLAN de la VERDAD	CLAN del CIELO
Cromática Amarilla	Cromática Roja	Cromática Blanca	Cromática Azul

Gráfico n.º 4

FAMILIAS TERRESTRES

Si bien esencialmente los 20 Sellos sagrados están en cada ser humano, el más marcado es el del umbral galáctico natal y los de su familia terrestre. Los Sellos de la familia terrestre son también aquellos que determinan las misiones anuales, o sea que el umbral galáctico anual cambia con la fecha de cada cumpleaños. Retomo este tema más adelante, en este mismo apartado.

Hay cinco familias terrestres, cada una de las cuales está formada por cuatro Sellos, uno de cada color. Energéticamente hay mucha afinidad entre los Sellos de una misma familia terrestre, ya que cada familia unificada tiene una misión planetaria, además de corresponderse con un chakra personal y del planeta.

El siguiente gráfico nos muestra el holón de la Tierra. "Holón" es la denominación que dentro de la Ley de Tiempo se le da a un cuerpo cuatridimensional. El holón del planeta es su cuerpo cuatridimensional o cuerpo de luz.

Veamos en detalle cada una de las familias terrestres:

- **Familia Polar:** Sus miembros son los sintonizadores de la *fuerza* G y tocan la música que colorea el planeta para la regeneración de la Nación Arco Iris. Tocan la cromática. Se asocian al chakra corona. Esta familia está integrada por los Sellos Serpiente, Perro, Águila y Sol.

- **Familia Cardinal:** Las tribus que la conforman son iniciadoras de períodos evolutivos trascendentes en el planeta. Se asocian al chakra laríngeo. Esta familia está integrada por los Sellos Dragón, Enlazador de Mundos, Mono y Guerrero.

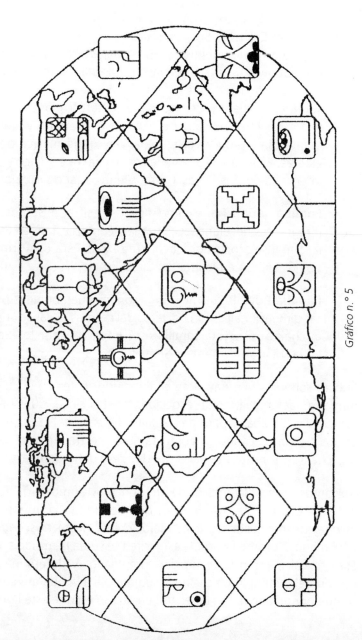

HOLÓN DEL PLANETA

Gráfico n.° 5

- **Familia Central:** Sus miembros son los encargados de construir túneles del tiempo para viajar entre el pasado, el presente y el futuro. Unen las órbitas planetarias pertenecientes a la Tierra, que es el tercer planeta desde nuestro sol, *Kinich Ahau*, y Urano, que es el tercer planeta desde el sol galáctico, *Hunab Ku*. Esta unión permite vibrar en quinta dimensión y volver a danzar con la música de las esferas. Esta familia se asocia con el chakra cardíaco y está integrada por los Sellos Tierra, Viento, Mano y Humano.

- **Familia Señal:** Tiene como misión descifrar misterios; sus integrantes develan claves para su comprensión. La Familia Señal se asocia con el chakra sexual. Está conformada por los Sellos Caminante del Cielo, Espejo, Noche y Estrella.

- **Familia Portal:** Sus miembros son los que abren las puertas dimensionales; son porteros del cosmos. Se asocian con el chakra raíz. Esta familia está integrada por los Sellos Luna, Mago, Tormenta y Semilla.

Si bien sabemos que hay siete chakras principales en el cuerpo humano, las familias están asociadas a estos cinco, que son los principales a trabajar para dar el salto dimensional. Ya veremos en los próximos capítulos cómo también se trabajan los otros dos chakras, puesto que nada queda fuera del orden natural.

Volvamos ahora al tema de las misiones. Mi umbral galáctico natal es Espejo Espectral Blanco, que determina la misión que llevaré a cabo hasta morir o, mejor dicho, hasta *trascender a otro plano*. Durante la vida, a esta tarea se suma la misión anual. Ésta se calcula con la fecha del cumpleaños y determina qué misión debo cumplir en ese año, sumándola a la que me corresponde por mi año natal. En el año en que se escribe este libro mi umbral galáctico anual es Estrella Magnética Amarilla; por lo tanto, hasta mi próximo cumpleaños trabajaré ambas energías. Como dijimos, las misiones anuales de cada persona transitan siempre por los Sellos de la Familia Terrestre a la que pertenece su Sello natal. En mi caso, el tránsito será entre el Caminante del Cielo, el Espejo, la Noche y la Estrella. En los años en que coinciden el Sello natal y el anual, la energía de la misión se potencia. Esto sucede cada 4 años. Cada 13 años pasamos por nuestro Tono natal, y cada 52 años, por nuestro Sello y Tono natales[1].

Este orden de los Sellos como familias marcará el sendero hacia la organización social en el futuro, que tiene como objetivo dejar de lado la carrera acelerada en la que vivimos, que hace que digamos "El tiempo no me alcanza", para pasar a un tránsito dentro de los ciclos naturales, vibrando en el tiempo perfecto y teniendo –valga la redundancia– "tiempos" para *celebrar* la vida.

En las prácticas que se realizan en los seminarios de Magos de la Tierra trabajamos de acuerdo con este orden y los resultados son maravillosos. Estos seminarios son experiencias vivenciales de siete días acerca de cómo será la vida en los futuros pueblos 13:20.

RELACIÓN ORACULAR DE LOS SELLOS

Otra relación existente entre los Sellos es el oráculo, que se forma con la interacción de cinco energías denominadas *destino*, *análogo*, *antípoda*, *guía* y *oculto*. Al inicio de este Capítulo se

[1] Con respecto a la manera de determinar el umbral galáctico, véase mi libro *Calendario Maya: la Cuenta Sagrada del Tiempo*, de esta misma Colección. Con respecto a la misión anual, véase el Capítulo 4, apartado "Sendero de vida". Con respecto a los Tonos, véase el Capítulo 3.

detallan los códigos de cada Tribu necesarios para hacer los cálculos que determinan estas relaciones.

Destino

El destino determina la misión. Es el Sello y Tono del umbral galáctico, buscado a partir de una fecha. Para esto remito a mi libro *Calendario Maya: la Cuenta Sagrada del Tiempo*, de esta misma Colección, pp. 74 y siguientes.

- **Ejemplo 1:** Con mi fecha de nacimiento (28 de octubre de 1961), busco mi Sello y mi Tono en las tablas del libro mencionado siguiendo las indicaciones que en él se dan y encuentro como resultado final que mi Sello es el Espejo y mi Tono el 11. Luego busco la descripción del Sello y del Tono para su comprensión.

- **Ejemplo 2:** Si deseo saber cuál será la misión del 21 de diciembre del año 2012, también busco en las tablas antes mencionadas. Allí encontraré que en ese día el destino estará formado por el Sello de la Mano y el Tono 12. Luego busco las descripciones correspondientes para su comprensión.

Análogos

Es la relación que se establece entre dos Sellos que se complementan, reforzándose en su misión. Se ayudan mutuamente y tienen el poder de las *mentes* gemelas. Un Sello es análogo de otro si la suma de los números de Tribu da como resultado 19.

- **Ejemplo 1:** El Sello del Espejo es la Tribu 18; su análogo es la Tribu del Dragón, pues ésta tiene como código el número 1, que sumado a 18 da 19. Para que el Espejo pueda reflejar el orden con claridad, el Dragón lo nutre de conocimientos desde el ser interno, que tiene la memoria cósmica.

- **Ejemplo 2:** El análogo del destino Mano 12 (umbral del 21 de diciembre del 2012) es el Humano, ya que el número de Tribu de este último Sello es 12, que suma 19 con el número de Tribu del Sello de la Mano, que es 7. La Mano sanará en forma cooperativa ayudada por la sabiduría del Humano.

Guía

Es el Sello que guía, orienta a otro, indicándole el mejor camino para realizar su destino. El Sello guía también se calcula con las tablas que se encuentran en mi libro *Calendario Maya: la Cuenta Sagrada del Tiempo*. Aquí solamente señalaremos los guías de los Sellos y Tonos de los ejemplos anteriores: el guía del Espejo 11 es también el Espejo, y el de la Mano 12, la Tormenta.

Antípodas

Es la relación que se establece entre dos Sellos opuestos, relación por la cual uno le recuerda al otro cómo cumplir mejor la misión que determina su destino. Los códigos numéricos de las Tribus de los Sellos antípodas guardan siempre una diferencia de 10. Para calcular cuál es el Sello antípoda de un Sello destino cualquiera, se sumará o se restará, dado que el número resultante no puede nunca superar el 20 ni ser menor que 0 (pues ese número indicará una de las 20 Tribus).

- **Ejemplo 1:** El Espejo es la Tribu 18. En este caso, debo restar para no pasar los límites señalados anteriormente, y obtengo como resultado 8, que es el número correspondiente a la Tribu de la Estrella. Para poner orden, el Espejo debe recordar hacerlo con armonía y belleza, que es lo que le recuerda la Estrella.

- **Ejemplo 2:** En el caso del 21 de diciembre del 2012, vamos a encontrar que el Sello antípoda de la Mano, que es la Tribu 7, es la Tierra, que es la Tribu 17. El Sello de la Tierra le recordará a la Mano que debe hacer las curaciones sincronizadamente para lograr la evolución.

Ocultos

Es la relación que se da entre dos Sellos, por la cual uno impulsa al otro a que realice su misión. El oculto funciona como el factor añadidura, como el obsequio ganado al realizar correctamente la misión. Un Sello es el oculto de otro cuando la suma de los códigos numéricos de Tribu de ambos da como resultado 21.

- **Ejemplo 1:** El Espejo es la Tribu 18. Su oculto es la Noche, cuyo código de Tribu es el 3. La Noche impulsa al Espejo a realizar su misión dándole abundancia y contención.

- **Ejemplo 2:** El Sello oculto de la Mano, que es la Tribu 7, debe ser el que se corresponde con la Tribu 14 (dado que 7 + 14 da 21), es decir, el Sello del Mago. La conciencia del nuevo tiempo que es el Mago impulsará a la Mano a curar cooperativamente.

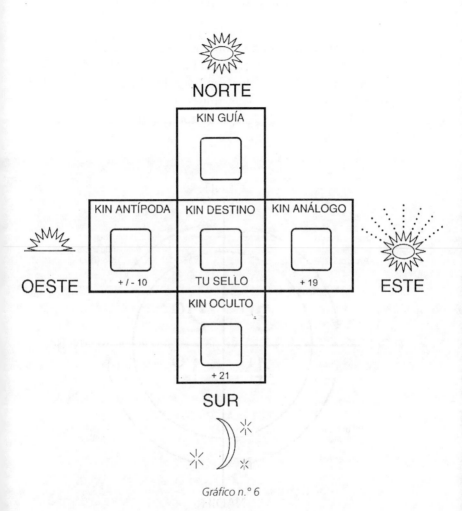

Gráfico n.° 6

INFLUENCIA DIARIA DE LOS ELEMENTOS QUE CONFORMAN EL ORÁCULO

El Kin (combinación de Sello y Tono) de destino de cada día es influenciado de la siguiente forma: desde el nadir a la salida del sol la influencia mayor es del análogo; desde el nacimiento del sol al cenit la influencia mayor es del Kin guía; desde el cenit a la puesta del sol la mayor influencia es del antípoda y desde la puesta del sol al nadir la mayor influencia es del Kin oculto. Por supuesto, la energía más fuerte de todas y que reina durante todo el día es la del destino.

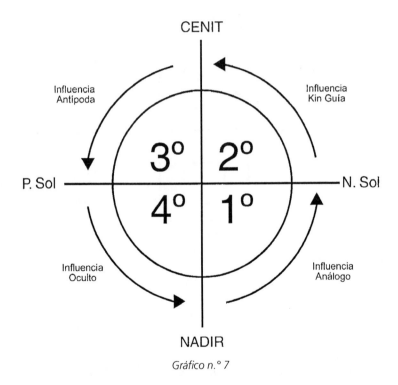

Gráfico n.º 7

Veamos un ejemplo con la fecha de fundación de Buenos Aires. Su Sello y su Tono son Viento 2, es decir, Viento Lunar Blanco.

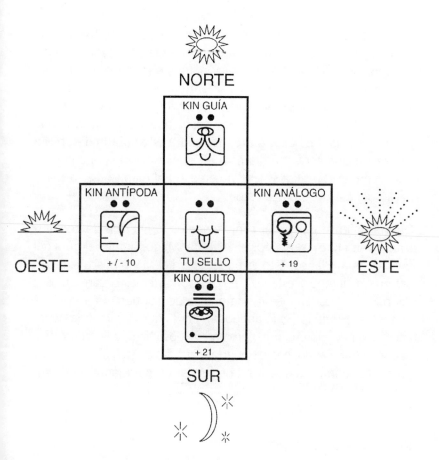

Gráfico n.° 8: oráculo del Viento Lunar Blanco

Desde el conocimiento maya apoyamos la propuesta de refundación de Buenos Aires, porque desde nuestra visión observamos que el destino del Viento Lunar Blanco es buscar la estabilidad a través de la comunicación espiritual; el Tono 2 aporta dualidad y si la comunicación no es transparente traerá desórdenes en todos los ámbitos. Los Sellos de la Tormenta –Kin oculto– y de la Tierra –Kin análogo–, que proveen la energía de mayor transformación, evolución y autogeneración, tienen su mayor influencia, justamente, cuando casi todos se entregan al descanso, que es entre la puesta y la salida del sol. Si vemos la naturaleza, todos los animales diurnos van al descanso, ya que la energía vital que da el sol se oculta. Por lo tanto, no tendrá este país un desarrollo fuerte, ya que esta energía está en el ocaso. No será culpa de gobernantes o partidos; esté quien esté, el mapa o carta maya para Buenos Aires marca esto.

Del nacimiento del sol al cenit tenemos la energía de concentrarnos en el hoy, dada por el Sello del Mago, que es el guía del Viento Lunar Blanco. Esto es bueno, pero el Mago busca el orden del nuevo tiempo y estamos regidos por sistemas desarmoniosos del pasado. Desde el cenit a la puesta del sol tiene una gran influencia el Humano (Sello antípoda), por lo que la sabiduría de los ancestros fluye libremente, pero en ese lapso tiempo la mente está ocupada trabajando, con las puertas cerradas a este fluir. Sería muy bueno darle importancia a esta refundación para lograr en la Argentina más desarrollo en todos los planos.

CÉLULAS DEL TIEMPO

Los Sellos también se agrupan en las llamadas *células del tiempo*, que son cinco: la célula de entrada, la de almacén, la de proceso, la de salida y la matriz. Estas células forman un cuerpo de tiempo, un cuerpo de conciencia galáctica completo. Cada célula del tiempo está asociada a una función dentro de la vida humana y también a su organismo y funcionamiento (véase el Capítulo 3).

Célula de entrada

Está integrada por los Sellos Dragón, Viento, Noche y Semilla. Ellos dan entrada a la conciencia galáctica informándola, impregnando la forma de la quinta dimensión hacia dentro. Estos Sellos forman también la familia del Este, que es la que genera la luz.

Célula de almacén

Está integrada por los Sellos Serpiente, Enlazador de Mundos, Mano y Estrella. Estas Tribus deben recordar la conciencia galáctica; forman la biblioteca que almacena la conciencia de tiempo. Estos Sellos forman también la familia del Norte, que purifica la luz.

Célula de proceso

Está integrada por los Sellos Luna, Perro, Mono y Humano. Estos Sellos procesan la conciencia galáctica formulando la transformación correcta hacia el tiempo. Estos Sellos forman también la familia del Oeste, que transforma la luz.

Célula de salida

Está integrada por los Sellos Caminante del Cielo, Mago, Águila y Guerrero. Estos Sellos expresan la conciencia galáctica y dan salida al tiempo. Estos Sellos forman también la familia del Sur, que expande la luz.

Célula matriz

Está integrada por los Sellos Tierra, Espejo, Tormenta y Sol, que autorregulan la conciencia galáctica. Estos Sellos forman también la familia del centro, que renueva la luz.

SENDERO EVOLUTIVO DE LOS SELLOS

José Argüelles nos explica en su libro *El factor maya* cómo los Sellos describen un proceso de desarrollo, un sendero de vida, de evolución. Los siete primeros (Dragón, Viento, Noche, Semilla, Serpiente, Enlazador de Mundos, Mano) representan y conforman el cuerpo inferior físico, el *ser primario*.

Los siete siguientes (Estrella, Luna, Perro, Mono, Humano, Caminante del Cielo, Mago) representan y conforman el desarrollo del ser superior, el *cuerpo mental superior*.

Los últimos seis Sellos (Águila, Guerrero, Tierra, Espejo, Tormenta y Sol) representan y conforman el desarrollo del ser superior, la *mente comunitaria*.

CÓMO ANALIZAR TU CAMINO PERSONAL
A TRAVÉS DE LOS SELLOS

Ahora, además de saber tu Kin, puedes hacer una lista de todas tus relaciones pasadas y presentes, sacar los umbrales galácticos y ver dentro de qué clanes están, sus Familias y sus oráculos y de qué manera se relacionan contigo. A través de la comprensión se libera la conciencia. También puedes hacer un análisis de la misión personal y comprender aún más el pasaje por las distintas situaciones de tu vida. Daré el ejemplo de mi propia investigación para que se vea que es sencillo hacer este estudio.

Cuando encontré mi misión comprendí por qué sentía una fuerte relación con las estrellas y los cielos, por qué estaba más tiempo en los cielos que en la Tierra. Lo que sucede es que mi Sello pertenece al Clan del Cielo. Cuando lo descubrí, todos esos mensajes que escuchaba, como *"vives en las nubes"*, *"estás en tu burbuja"* o *"no tienes los pies en la Tierra"*, salieron de mi mente. Fluyeron gracias a la comprensión de que a algunos Sellos les toca estar más en contacto con los cielos.

Formé el oráculo de mi misión encontrando que mi destino es el Espejo. Durante mi niñez y adolescencia todos los días soleados pasaba un tiempo en contacto con un espejo y con el sol, sin saber por qué. Al encontrar mi Sello pude darme cuenta del motivo de la plenitud que me daba jugar con los espejos; entendí que no era vanidad sino resonancia. Mi misión es poner orden y dar libertad.

El análogo del Espejo es el Dragón, cuyo rol es nutrirme para darme cuenta de qué es lo que debo ordenar. Les puedo asegurar que la magia del tiempo es maravillosa, ya que siempre tengo seres, amigos, compañeros de ruta que son Dragones y realmente apoyan mi tarea, me acompañan y me divierten mucho.

Me corresponde como oculto el Sello de la Noche. Cuando más conexión encuentro para el estudio o la meditación es, justamente, en la noche. También seres de este Sello se presentan en determinadas etapas de mi vida para proveerme de abundancia.

Mi antípoda es la Estrella; recordemos que justamente es el antípoda el que debe *recordarnos* cómo hacer mejor la misión. Tengo que mencionar que los vínculos más importantes en televisión y en la redacción de libros se dieron a través de seres del Sello de la Estrella que me proponían estas tareas. Mi cuarzo ceremonial, con el que hago armonizaciones chamánicas, me lo regaló un ser del Sello de la Estrella. El director de esta Colección es del Sello de la Estrella…

Mi guía es mi propio Sello de destino, lo que hace que me encuentre en algunos tránsitos de mi vida con espejitos o sencillamente que me deje guiar por mi ser interno.

Mi Familia Terrestre es la Señal, que tiene como misión descifrar misterios. Ésta es una actividad que me encanta y para la cual el universo siempre me puso en el camino seres de los Sellos Caminante del Cielo, Noche y Estrella, para compartir la búsqueda de la revelación de los misterios.

Con respecto al análisis de la evolución de los Sellos, el Espejo se encuentra en el desarrollo de la mente superior comunitaria, y esto siempre estuvo presente en mí, al visualizar desde mi infancia una Tierra sin fronteras ni banderas, con un solo gobierno mundial trabajando para la evolución de la raza humana, en armonía con el planeta y sus reinos, donde existiera una mente, un espíritu y una voluntad conjuntos y cooperativos. Y tengo fe en que algún día así será.

Cuando descubres la misión de todas tus relaciones, de tu entorno, de todos los tiempos, también puedes deducir qué roles de interrelación cumplimos (remito al apartado "Qué es una Onda Encantada", en el Capítulo 3).

Como puedes ver, es simple. Quizás al principio parezca que es mucha información, pero al relacionarla se logra la comprensión que libera al alma.

Capítulo 3
Los trece Tonos musicales y la Onda Encantada

Los Tonos son pulsaciones sonoras que siguen un ritmo armonioso en una escala de 13. Los 13 Tonos sintetizan los poderes de la creación. Siempre están relacionados entre sí y forman la cosmología del movimiento que llamamos "Onda Encantada".

La Onda Encantada es un vehículo galáctico que permite el viaje en el tiempo y en el espacio dimensional (ahondaremos en esto más adelante, en este mismo Capítulo). La energía que mueven los Tonos es lunar femenina, así como los Sellos son solares masculinos. Veamos una descripción creativa que me hizo llegar la querida Kin Humano Espectral Amarillo Patricia Bola, miembro del Movimiento Mundial de Paz para el Cambio al Calendario de las 13 Lunas, quien actualmente difunde este Movimiento en Venezuela.

ANOTACIÓN ARÁBIGA	ANOTACIÓN GALÁCTICA	NOMBRE MAYA	NOMBRE GALÁCTICO	ACCIÓN QUE EJERCE
1	●	Hun	Magnético	Atrae el campo magnético; atrae las energías de Dios mismo. **UNIFICA**
2	●●	Ka	Lunar	Genera el campo gravitacional, la energía de gravedad, determinando la formación de los polos magnéticos. **ESTABILIZA**
3	●●●	Ox	Eléctrico	Activa la electricidad, que da movimiento y produce la circulación de energía entre el Polo Norte y el Polo Sur. Es la interacción entre tú y yo. **ACTIVA**
4	●●●●	Kan	Autoexistente	Da forma a los átomos, definiéndolos como elementos. **DEFINE**
5	▬	Ho	Entonado	Comanda los elementos y les da poder y recursos para que sean fuertes. **COMANDA**
6	●/▬	Uak	Rítmico	Organiza los elementos, para lograr la igualdad y el equilibrio en la creación. **EQUILIBRA**
7	●●/▬	Uuk	Resonante	Es el canal resonante de la cuarta dimensión. En este punto de la creación los soles se alinean, se juntan para interrelacionarse y emanar luz, la que es sintonizada hacia la tercera dimensión. **CANALIZA**

Continúa en pág. 59

Continuación

ANOTACIÓN ARÁBIGA	ANOTACIÓN GALÁCTICA	NOMBRE MAYA	NOMBRE GALÁCTICO	ACCIÓN QUE EJERCE
8	●●●	Uaxak	Galáctico	La luz canalizada se mueve hacia la integración armónica. Así se forman las galaxias. **ARMONIZA**
9	●●●●	Bolon	Solar	Se produce el parto de la luz. En la tercera dimensión la luz se realiza en el espacio. **REALIZA**
10	═══	Lahun	Planetario	Diez planetas alrededor del sol. Los elementos enteros comienzan a solidificarse, los elementos se condensan en planetas. **PERFECCIONA**
11	● ═══	Buluc	Espectral	La luz toma el todo y lo separa en pequeñas partes; aparece la biodiversidad de formas energéticas. Se liberan las especies, se pueblan los planetas. **LIBERA**
12	●● ═══	Lahac	Cristal	El espectro se solidifica a través de cristales. Se logra el ritmo más elevado, como elementos cristalinos completos que trabajan cooperativamente. **UNIVERSALIZA**
13	●●● ═══	Oxlahun	Cósmico	Los cristales saltan a una octava superior, saltan a una forma que refleja al todo. **TRASCIENDE**

Los 13 Tonos son la luz que estimula la mente y el cuerpo. Son pulsaciones y cada uno representa una acción que pulsa e irradia. También los Tonos muestran un camino evolutivo a transitar.

Los Tonos del 1 al 9 se mueven en la no-materia. Nos presentan una preparación y una puesta en marcha de un determinado propósito que comenzará a manifestarse a partir del Tono 10 para llegar a su plenitud y trascendencia en el Tono 13.

PULSAR DIMENSIONAL

Hay una relación que se establece entre los Tonos y que determina la dimensión en la que vibran. Esta relación se llama "pulsar dimensional" y reúne a los Tonos formando una estructura articulada.

- **Pulsar de la primera dimensión:** Es el de la vida. Se mueve a nivel atómico celular. Trabajan asociados en este pulsar los Tonos 2, 6 y 10. Este pulsar produce la polaridad, creando el magnetismo estable que permite organizar en forma equilibrada los elementos para que manifiesten la perfección de la vida.

- **Pulsar de la segunda dimensión:** Es el de los sentidos: oído, tacto, olfato, vista, gusto y otros. Son puertas de entrada de información para el conocimiento y la posterior acción. En este pulsar trabajan asociados los Tonos 3, 7 y 11. Activan la electricidad que dará apertura al canal para sintonizar el contacto con la conciencia galáctica, recibiendo la luz que liberará el propósito.

- **Pulsar de la tercera dimensión:** Es el del espacio, el de la mente. Trabajan asociados en este pulsar los Tonos 4, 8 y 12. Estos Tonos permiten dar forma mentalmente y definir de qué modo llevar a cabo una acción armoniosa, integrándose para el trabajo cooperativo.

- **Pulsar de la cuarta dimensión:** Es el del tiempo, que contiene a todos los demás. Trabajan en este pulsar los Tonos 1, 5, 9 y 13. Estos Tonos, desde la unificación, reúnen los recursos comandando para producir la realización. Así se logra llegar al portal de la trascendencia, que abrirá las puertas al vuelo mágico, al salto de octava.

Al desarrollar el tema "Traje Espacial" daré un ejemplo para la mayor comprensión de los pulsares.

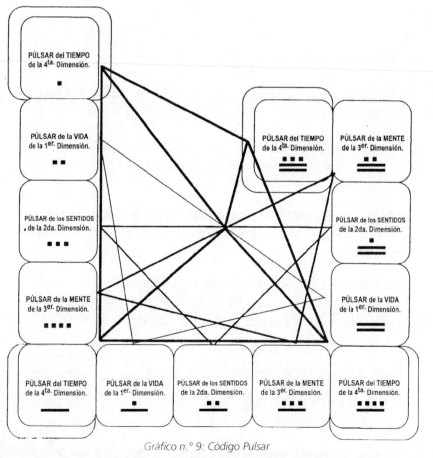

Gráfico n.º 9: Código Pulsar

MATIZ

Es otra asociación de los Tonos, que responde a una agrupación matemática que nos muestra características, aspectos o rasgos de su funcionamiento en conjunto. Así como en la relación *pulsar dimensional* dijimos que las asociaciones de Tonos activan sensores, en la relación *matiz* se muestra cómo va a circular la energía.

Matiz magnético

Este matiz agrupa los Tonos 1, 6 y 11, los cuales, a través del poder de atracción, pueden cumplimentar su acción.

El Tono 1, Magnético, debe unificar; por lo tanto, necesita del magnetismo para atraer individualidades y unirlas. Atrae la energía para iniciar la circulación.

El Tono 6, Rítmico, debe organizar la energía magnetizando los elementos a equilibrar, para encontrar una igualdad en la amplitud de ondas.

El Tono11, Espectral, debe magnetizar energías, romper estructuras y permitir la liberación del flujo de esas energías. Así ejerce la divulgación, liberando.

En este matiz, el magnetismo comienza como tiempo, se transforma en vida y se libera por los sentidos.

Para los tres Tonos es precisa la presencia del magnetismo; sin él sería imposible cumplir su misión, entonar su música.

Matiz lunar

El matiz lunar agrupa los Tonos 2, 7 y 12, los cuales, a través del poder de la polaridad, proveen la orientación en el espacio necesaria para realizar su misión.

El Tono 2, Lunar, debe encontrar la estabilidad entre los extremos, los polos, lo cual es todo un desafío. Si no hay estabilidad la energía no puede circular armoniosamente.

El Tono 7, Resonante, debe tener la orientación adecuada para lograr la sintonía y canalizar la energía para que luego circule.

El Tono 12, Cristal, es el que coopera en la circulación energética; necesita tener conciencia de los polos para operar equilibradamente.

En este matiz la polaridad comienza en los átomos, la sintonía se da en los sentidos y la operación conjunta se produce en la mente.

Para los tres Tonos es fundamental la polaridad, la visión de los extremos, que permite determinar el medio que dará lugar a que puedan ejecutar su misión.

Matiz eléctrico

El matiz eléctrico agrupa los Tonos 3, 8 y 13, los cuales, a través del poder eléctrico, activan su accionar, permitiendo la circulación de la energía u onda del servicio.

El Tono 3, Eléctrico, es el que reúne, acción que precisa que la energía se active para luego agruparla.

El Tono 8, Galáctico, debe integrar la energía armoniosamente, para lo cual es preciso que la electricidad mantenga activos los elementos a relacionar.

El Tono 13, Cósmico, es el que logra la trascendencia en la circulación energética; necesita que la actividad eléctrica sea continua para poder dar el salto hacia otra onda.

En este matiz la electricidad es captada por los sentidos, integrada a la mente y trascendida en el tiempo.

Para los tres Tonos es fundamental la electricidad, ya que precisan del movimiento activo que ella impulsa.

Matiz autoexistente

El matiz autoexistente agrupa los Tonos 4 y 9, los cuales, a través del poder autoexistente, definen la forma en que circulará la energía u onda del servicio. Hacen los cambios adecuados para que el fluir energético se produzca.

El Tono 4, Autoexistente, da la forma, tomando las decisiones adecuadas para llevar a cabo el propósito de circular la energía.

El Tono 9, Solar, debe pulsar la forma definida por el Tono 4, llevándola a su realización.

En este matiz la determinación es mental y lleva a una realización en el tiempo.

Matiz entonado

Este matiz de poder reúne a los Tonos 5 y 10; tomando el comando y poder del propósito se puede mover la energía como resultado hacia la manifestación.

El Tono 5, Entonado, reúne los recursos necesarios para comandar y dar fuerza al propósito del circular energético.

El Tono 10, Planetario, da perfección al propósito usando el poder que le dio el Tono 5 para llegar a la manifestación.

IMPORTANCIA DE RELACIONAR PULSARES Y MATICES

Al incorporar el conocimiento del código pulsar, así como los matices, vemos que se establecen muchas interrelaciones. Cuando hacemos los cálculos de nuestra misión con respecto a otros seres, a veces llegamos a la conclusión de que no estamos vinculados por el oráculo, la familia terrestre, el clan o la raza, sino que puede haber una sincronía por las acciones que les toca desarrollar en esta vida y estas acciones están determinadas por los Tonos, sus pulsares y matices.

¿QUÉ ES UNA ONDA ENCANTADA?

Hemos escuchado la palabra "onda" en diferentes oportunidades. En la escuela nos hablaban de las ondas de sonido, de las electromagnéticas. En otros ámbitos, hemos hablado de ondas mentales o de pensamiento, de ondas emocionales, además de referirnos a la "buena" o "mala onda" de una persona. Todo parece hacer alusión a una forma de vehículo comunicador común. Varios estudiosos del cosmos, como Carl Sagan, definieron al universo como sonido. Esto quiere decir que la creación o agrupación de estrellas podría darse por ondas de sonido resonando en igual frecuencia.

Al tener formas curvas, las ondas todo lo abrazan, lo impregnan. La diferente aceleración de lo que transporten las hará ir lentamente o a la velocidad de la luz... o aún más rápido.

Cuando hablamos de una Onda Encantada decimos que es un cuerpo o módulo del tiempo, un contenedor de energía vital. Es una forma de vida cuatridimensional que funciona como un vehículo de iluminación y liberación. Se la llama "encantada" porque crea el movimiento del tiempo en la cuarta dimensión.

La Onda Encantada es la unidad galáctica viviente del tiempo; es un camino de evolución que nos lleva a una conciencia de iluminación.

Para una mayor comprensión, siempre la comparo con un "trencito" que tiene 13 partes, una máquina y 12 vagones, todos del mismo tamaño. En este "trencito" viajan 13 de los 20 Sellos.

Esta Onda Encantada, módulo del tiempo galáctico o "trencito", está articulada por los 13 Tonos de la creación. Un ejemplo claro es el año solar-lunar-galáctico, que está dividido en 13 lunas de 28 días. Aquí, cada "vagón" tiene 28 días. A esta Onda Encantada específicamente se la llama "Onda Encantada del Servicio Planetario", porque siguiéndola se logra la armonía entre el tiempo y la naturaleza del planeta Tierra. También recibe la denominación de "encantada" porque transporta la magia del tiempo que despertará a la humanidad.

La Onda Encantada anual, o sea, el Calendario de las 13 Lunas, describe cómo sintonizar al planeta Tierra con la galaxia.

En esta onda anual hay 13 lunas de 28 días, o sea, 364 días, que es igual a 28 Ondas Encantadas de 13 días. El "Día Verde" es el factor + *1* (25 de julio). Es el día n.° 365 del año.

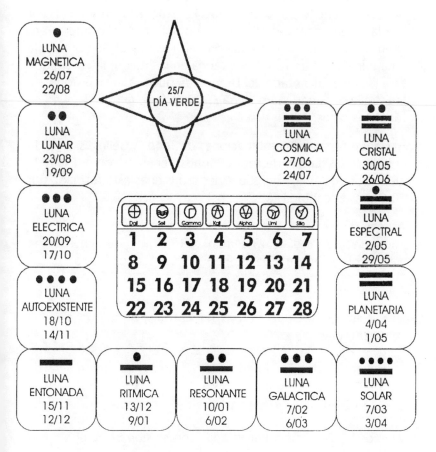

Gráfico n.° 10: Onda encantada

Utilizando esta definición de la Onda Encantada como un "trencito" nos damos cuenta de que el Tono 1 de la Onda Encantada, la "máquina" del "tren", tiene una energía que se irradia a todos los "vagones", o sea, a los 12 Tonos que conforman con ella el "tren", para darle movimiento.

El poder que tiene el Sello que está en el Tono 1, en la "máquina" del "trencito", moverá a los 12 "vagones" restantes. Por eso la Onda Encantada llevará el nombre del Sello que se encuentra en el Tono 1. Cada "trencito" lleva el nombre de la "máquina". El "trencito" que tenga en la "máquina" al Dragón será la Onda Encantada del Dragón; el que tenga en el Tono 1 a la Estrella se denominará *Onda Encantada de la Estrella*, y así en todos los casos.

Haciendo todas las combinaciones de Tonos y Sellos, siguiendo el orden consecutivo de Tribus y Tonos, tenemos como resultado que el giro galáctico de 260 Kines o misiones está formado por 20 Ondas Encantadas.

Así como una Onda Encantada puede ser de 13 lunas, también puede ser de 13 días, 13 semanas, 13 siglos. De acuerdo con esto, la duración total de la onda variará, según el caso.

Así, por ejemplo:

- Para Ondas Encantadas de 13 días, la cuenta será de 260 días (13 x 20).

- Para Ondas Encantadas de 13 siglos, la cuenta será de 26.000 años, una era (13 x 100 = 1.300; 1.300 x 20 = 26.000).

Veamos las 20 Ondas Encantadas con su nombre y el planeta con el cual están relacionadas.

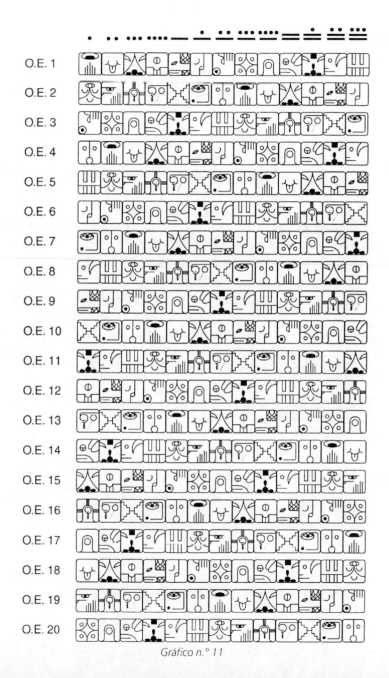

Gráfico n.° 11

1. La primera Onda Encantada es la del Dragón; tiene el poder del nacimiento y trae la energía del planeta Neptuno, que le aporta misticismo y poder psíquico, discernimiento y visión.

2. La Onda Encantada n.° 2 es la del Mago, que tiene el poder de la atemporalidad y trae la energía del planeta Maldek (cadena de asteroides de quinta órbita de nuestro sistema solar), que le aporta el aprendizaje de la sincronización.

3. La Onda Encantada n.° 3 es la de la Mano, que tiene el poder de la realización y posee la energía de nuestro planeta, o sea, el aprendizaje de la trascendencia de la dualidad, la integración con el espíritu.

4. La Onda Encantada n.° 4 es la del Sol, que tiene el poder del Fuego Universal y trae la energía renovadora de Plutón, con aprendizajes intensos de la vida, la muerte y la resurrección.

5. La Onda Encantada n.° 5 es la del Caminante del Cielo, que tiene el poder de la exploración y trae la energía de Marte, que le aporta fuerza, valentía, audacia, liderazgo.

6. La Onda Encantada n.° 6 es la del Enlazador de Mundos, que tiene el poder de la muerte como transformación total y trae también la energía del planeta Marte, que le aporta fuerza, valentía, audacia, liderazgo.

7. La Onda Encantada n.° 7 es la de la Tormenta, que tiene el poder de la autogeneración y trae la energía de Plutón, con aprendizajes intensos de la vida, la muerte y la resurrección.

8. La Onda Encantada n.° 8 es la del Humano, que tiene el

poder de la libre voluntad y posee la energía de nuestro planeta, o sea, el aprendizaje de la trascendencia de la dualidad, la integración con el espíritu.

9. La Onda Encantada n.º 9 es la de la Serpiente, que tiene el poder de la fuerza vital y trae la energía del planeta Maldek (cadena de asteroides de quinta órbita de nuestro sistema solar), que le aporta el aprendizaje de la sincronización.

10. La Onda Encantada n.º 10 es la del Espejo, que tiene el poder del sinfín y trae la energía del planeta Neptuno, que le aporta misticismo y poder psíquico, discernimiento y visión.

11. La Onda Encantada n.º 11 es la del Mono, que tiene el poder de la magia y trae la energía del planeta Venus, que le aporta amor, conocimiento de las artes, belleza, danza, diplomacia. Servicio, pureza, gracia e inocencia. Devoción, compasión, sanación, verdad, claridad y visión, conocimiento de la Ley Divina, justicia e integridad. Iluminación.

12. La Onda Encantada n.º 12 es la de la Semilla, que tiene el poder del florecimiento y trae la energía del planeta Júpiter, que le aporta alegría, expansión, unicidad, generosidad, jovialidad.

13. La Onda Encantada n.º 13 es la de la Tierra, que tiene el poder de la evolución y trae la energía del planeta Urano, que le aporta rápida evolución, conocimiento de la ciencia y todo lo que sea de avanzada, creatividad e inspiración divina.

14. La Onda Encantada n.º 14 es la del Perro, que tiene el

poder del corazón y trae la energía del planeta Mercurio, que le aporta intelecto, discernimiento, desarrollo de la mente superior, gran comunicación.

15. La Onda Encantada n.º 15 es la de la Noche, que tiene el poder de la abundancia y trae la energía del planeta Saturno, que le aporta profundidad, autoconocimiento, responsabilidad, equilibrio del saber.

16. La Onda Encantada n.º 16 es la del Guerrero, que tiene el poder de la inteligencia y trae la energía del planeta Saturno, que le aporta profundidad, autoconocimiento, responsabilidad, equilibrio del saber.

17. La Onda Encantada n.º 17 es la de la Luna, que tiene el poder del Agua Universal y trae la energía del planeta Mercurio, que le aporta intelecto, discernimiento, desarrollo de la mente superior, gran comunicación.

18. La Onda Encantada n.º 18 es la del Viento, que tiene el poder del Espíritu y trae la energía del planeta Urano, que le aporta rápida evolución, conocimiento de la ciencia y todo lo que sea de avanzada, creatividad e inspiración divina.

19. La Onda Encantada n.º 19 es la del Águila, que tiene el poder de la visión y trae la energía del planeta Júpiter, que le aporta alegría, expansión, unicidad, generosidad, jovialidad.

20. La Onda Encantada n.º 20 es la de la Estrella, que tiene el poder de la elegancia y trae la energía del planeta Venus, que le aporta amor, conocimiento de las artes, belleza,

danza, diplomacia. Servicio, pureza, gracia e inocencia. Devoción, compasión, sanación, verdad, claridad y visión, conocimiento de la Ley Divina, justicia e integridad. Iluminación.

Cada Onda Encantada está impregnada de la energía del planeta que le corresponde, y ésta se irradia a los trece Sellos que la conforman.

Lectura de la Onda Encantada como unidad

Cuando sabemos nuestro Kin (Sello y Tono), podemos recordar nuestra misión, que se nutre de más información cuando leemos conjuntamente el Kin con el resto de la Onda Encantada a la que pertenece.

Como ejemplo, analicemos la Onda Encantada del año 2012, o sea, la Onda Encantada que contiene al umbral galáctico de la Tormenta Resonante Azul (Tormenta 7), es decir, la Onda Encantada del Caminante del Cielo.

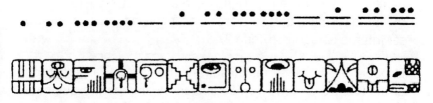

Gráfico n.º 12

El propósito de ese año será la unificación de los Cielos y la Tierra (Caminante del Cielo en Tono 1), luego de haberlos explorado.
La energía que nos desafiará a realizarlo será el tiempo (Sello del
Mago en Tono 2); estaremos experimentado extremos temporales
entre el tiempo artificial y el verdadero, natural, de las 13 lunas. En
esta instancia es preciso vivir el hoy para lograr el propósito.

En el 2012-2013 se activarán nuevas visiones (Águila en Tono
3), y la creatividad responderá a las necesidades del nuevo
tiempo. Las decisiones tendrán forma desde la inteligencia
superior (Guerrero en Tono 4). El poder nos lo dará la Madre
Tierra (Tierra en Tono 5), que nos aportará recursos para lograr la misión del año.

Será preciso encontrar la igualdad, la que se llevará a cabo
con el reflejo del Espejo, que mostrará con claridad qué cosas se deben limpiar para operar desde la igualdad (Espejo
en Tono 6). El año será de gran apertura, de canalización de
una fuerza aceleradora que generará una gran transformación (Tormenta en Tono 7).

Nos estaremos integrando a la conciencia de luz que nos dará
armonía (Sol en Tono 8, umbral de Pacal Votan[1]; ¿será "coincidencia"?). Por fin en la Tierra se realizará el recuerdo de la
memoria cósmica, que nos hará renacer con la fuerza de nuestro
ser interno (Dragón en Tono 9).

El poder espiritual se manifestará comunicando la perfección
divina (Viento en Tono 10). Se liberará la abundancia que hará
posible el propósito (Noche en Tono 11). Los Humanos nueva-

---

[1] Pacal Votan fue un importantísimo soberano maya (603-683), cuya célebre tumba se
halla en el sitio arqueológico de Palenque, Chiapas, México (véase al respecto mi ya
citado libro *Calendario Maya: la Cuenta Sagrada del Tiempo*, pp. 135 y siguientes).

mente cooperaremos en el florecimiento de la única religión, UR (Semilla en Tono 12).

Trascenderemos, como lo hizo Quetzalcoatl, como la Serpiente (Serpiente en Tono 13). Luego de haber transitado por la Tierra y experimentado lo terrenal, despliega sus alas emplumadas, que nos llevarán de vuelta al cielo, a la conciencia despierta.

Podemos ver claramente que la Onda Encantada es un camino evolutivo de trabajo y elevación mental, espiritual y físico. Y es muy importante aclarar que tiene aplicación cotidiana. No es meramente un vehículo que se mueve sólo en lo espiritual; su energía envuelve todo en todos los planos.

Esta lectura es del contenido viviente galáctico que está en esta Onda Encantada. Su realización o no dependerá de nuestro *libre albedrío,*

¿Cuál es tu Kin? ¿Cuál es tu Onda Encantada? Ahora el mapa de tu vida se está haciendo más profundo; estamos en un nivel superior, despertando, recordando.

Conocer y cabalgar una Onda Encantada demuestra autonomía identificada con el tiempo cuatridimensional. Es importante ser "surfistas del tiempo", subiéndonos a cada Onda Encantada y viviéndola con comprensión y alegría.

TRAJE ESPACIAL

Se llama "Traje Espacial" a tu Onda Encantada, a la Onda Encantada, de las 20 que existen, en la que se encuentra tu umbral galáctico, tu Kin. Recordemos que los Tonos se relacionan con las articulaciones mayores de nuestro cuerpo físico.

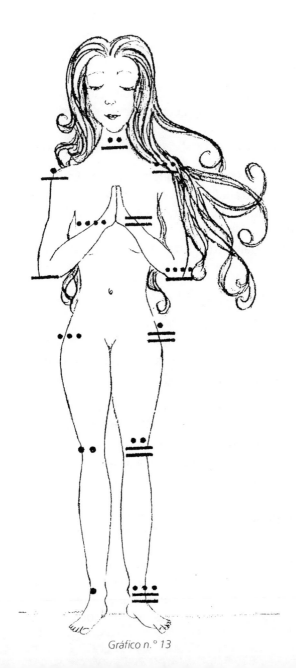

Gráfico n.° 13

Al colocar tu Onda Encantada alrededor de tu cuerpo siguiendo el orden que se senala en el gráfico n° 13, puedes determinar qué Kin trabaja sobre cada parte y qué órganos se involucran.

En el Capítulo 2, relativo a los Sellos, mencioné las células del tiempo; ampliaré ahora el concepto para la comprensión del Traje Espacial, con respecto a nuestro organismo.

- **Célula del tiempo 1, Roja, de Entrada:** Conformada por los Sellos Dragón, Viento, Noche y Semilla, está relacionada con el corazón, la circulación sanguínea, la entrada de la vida.

- **Célula del tiempo 2, Blanca, de Almacén:** Conformada por los Sellos Serpiente, Enlazador de Mundos, Mano y Estrella, está relacionada con los pulmones, que purifican la vida.

- **Célula del tiempo 3, Azul, de Proceso:** Conformada por los Sellos Luna, Perro, Mono y Humano, está relacionada con el aparato digestivo, que procesa la vida.

- **Célula del tiempo 4, Amarilla, de Salida:** Conformada por los Sellos Caminante del Cielo, Mago, Águila y Guerrero, está relacionada con el aparato excretor y con la voz, que da salida a la vida.

- **Célula del tiempo 5, Verde, Matriz:** Conformada por los Sellos Tierra, Espejo, Tormenta y Sol, está relacionada con el sistema inmunológico, con el bazo y con el páncreas, y regula la vida.

Veamos el ejemplo de John Lennon, analizando su umbral galáctico y su Traje Espacial.

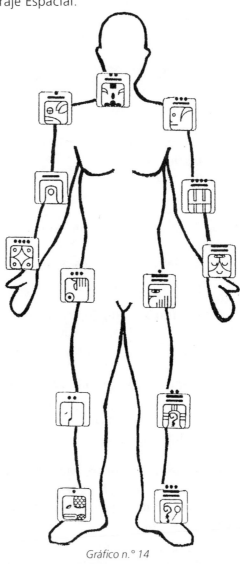

Gráfico n.º 14

De acuerdo con lo que se señala en mi libro *Calendario Maya: la Cuenta Sagrada del Tiempo*, ya citado, el Kin de John Lennon es Mago Planetario Blanco, Mago 10. Como puedes ver en el gráfico n.º 11, este Kin se encuentra en la Onda Encantada 9, de la Serpiente. En el Traje Espacial de John Lennon podemos observar que su encarnación fue básicamente de purificación, comenzando la misma con el trabajo de la Serpiente, que revitaliza su ser. Su muerte fue parte de la purificación que elevaría su alma dándole una estabilidad dentro de la evolución.

La realización y el arte lo ayudaban activamente a definir su proceso de recordar y hacer recordar, purificándose y purificando a los seres a través de sus manifestaciones artísticas y de su vida en general. Observemos que los Sellos Serpiente, Enlazador de Mundos, Mano y Estrella pertenecen a la célula del tiempo de almacén, que es la encargada de purificar y de movilizar la memoria galáctica.

Sus procesos emocionales y amorosos eran muy fuertes; a través de ellos buscaba el equilibrio. La magia, la alegría y el juego lo apoyaban en esta transformación, abriendo sus canales perceptivos, y así se integraba a la conciencia ancestral. Observemos que los Sellos Luna, Perro, Mono y Humano pertenecen a la célula del tiempo del proceso.

Como todos sabemos, su fuerte fue la música y su Sello (el Mago, que determina su misión natal) pertenece a la célula de salida, que es la que debe expresar. Realizó la unión de los Cielos con la Tierra, manifestando la perfección divina y expresándola en sus letras, en forma de nuevas visiones, cooperando así con los Guerreros del Arco Iris y trabajando por un mundo mejor. Observemos que los Sellos Caminante del Cielo, Mago, Águila y Guerrero pertenecen a la célula del tiempo de salida.

Su trascendencia era en la Tierra, donde debía protegerse y defender su vida. El Sello de la Tierra está en la célula matriz, que se corresponde con el sistema de defensas y protección.

Hasta aquí vimos su Traje Espacial analizando las células del tiempo. Otra decodificación se da con el pulsar y amplifica la información anterior.

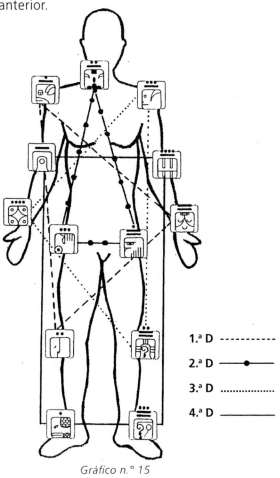

1.ª D ------------
2.ª D ━━━●━━━
3.ª D ················
4.ª D ━━━━━━

Gráfico n.º 15

Su vida se basaba en la dimensión del tiempo, con energía y fuerza vital, fluyendo y uniendo el Cielo y la Tierra para la evolución del planeta (observemos que en el pulsar de cuarta dimensión están los Sellos Serpiente, Luna, Caminante del Cielo y Tierra).

En el plano atómico celular, en lo más íntimo de su organismo, vibraban la energía de la muerte como trascendencia unificada al amor y la entrega incondicional para la realización del nuevo tiempo (observemos que en este pulsar de primera dimensión están los Sellos Enlazador de Mundos, Perro y Mago).

A través de los sentidos pudo incorporar la sanación, la alquimia y la nueva visión que volcó con maravillosa creatividad en su música (observemos que en el pulsar de la segunda dimensión están los Sellos Mano, Mono y Águila).

En su mente estaban el arte, la belleza y la armonía que pulsaban sin cesar, dando forma a su inspiración, junto con la conciencia ancestral y su fuerza guerrera (observemos que en el pulsar de la tercera dimensión están los Sellos Estrella, Humano y Guerrero).

¿Cuál es tu Traje?

Cada día, además de colocarte tu ropa, trata de hacer un ejercicio de visualización con los 13 Sellos de tu Onda. Observa si algún órgano no funciona bien y en qué parte de tu cuerpo está. Medita sobre ello. Siempre se utiliza la Onda Encantada que contiene a tu umbral galáctico, ya sea natal o anual.

En el siguiente ejemplo podemos darnos cuenta de que también existen Trajes planetarios. Por ejemplo, imaginemos que la persona representada en el gráfico que sigue simboliza a toda la humanidad. Colocamos como Traje Espacial la Onda Encantada con el umbral galáctico del año 2012, o sea, la Onda Encantada del Caminante del Cielo. La lectura del Traje Espacial comienza en el Tono 1 y finaliza en el Tono 13, haciendo una descripción de cada Tono con su Sello correspondiente.

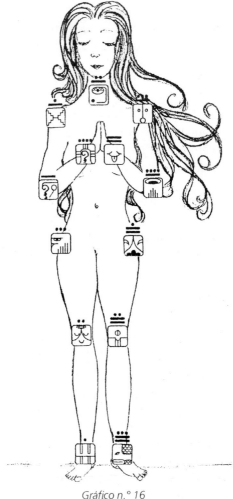

Gráfico n.º 16

En ese año, la humanidad investigará y dará salida a la creatividad del nuevo tiempo inteligentemente, haciendo los cambios necesarios hacia una nueva forma de vida. Todo lo que no sirva se desechará. En el plano orgánico habrá muchas limpiezas intestinales, renales y bucales.

La matriz estará unida a la Tierra, recuperaremos la conciencia del orden, la autogeneración y la luz, lo que hará que nuestro sistema de defensas esté funcionando a pleno. Podría ser el fin de las enfermedades, tal como las conocemos ahora.

Ingresará una nueva conciencia alimenticia espiritual, que nos liberará de miedos y limitaciones; daremos entrada a la buena semilla. Nuestra circulación sanguínea fluirá normalmente; el corazón se fortalecerá permitiendo una vida más sana.

Los pulmones refinarán el aire potenciando la vitalidad para que nuestro tiempo cronológico de vida aumente. No habrá más envejecimiento prematuro.

Atómicamente, en el pulsar de la vida, nos estabilizaremos viviendo el presente, logrando equilibrio y orden celular y perfeccionándonos físicamente con la fuerza espiritual.

Nuestros sentidos se abrirán en clarividencia, intuición y poder de generación energética.

Nuestra mente estará en sincronía con la mente planetaria, el sol y la memoria de vida.

Estaremos contenidos y sostenidos por exploradores espaciales, la Madre Tierra, nuestro ser interno y la *kundalini* o energía vital colectiva-planetaria.

Así como en este ejemplo, se pueden desarrollar estudios de cada año y ver cómo los seres estaremos apoyados por los Sellos en cada plano, dimensión y sistema orgánico.

Ahora te invito a que juegues y *recuerdes* aún más. Dibuja tu Traje Espacial y comprende cómo cada energía trabaja y despierta tu conciencia. Juntos recordamos la vida, juntos en el tiempo, como el tiempo. *Aquí y ahora.*

ONDA ENCANTADA DE LA AVENTURA

La Onda Encantada puede tomarse como una posibilidad de experimentar la aventura de vivir la vida en orden y en sincronía con la cuarta dimensión.

Así como en alguna época se usaba escribir el diario íntimo, donde cada uno anotaba día a día lo que le sucedía en el plano amoroso o en los negocios, podemos ahora tener nuestro libro de aventuras cuatridimensionales para programar y anotar el desarrollo de nuestra vida en sincronía con la *fuerza G*, vibrando en la cuarta dimensión.

¿Cómo hacerlo? Es muy simple. Vamos a comenzar a redactar nuestro "diario" un día que en el orden sincrónico (la cuenta galáctica de los Sellos y Tonos) sea Tono 1, Magnético. Ese día haremos meditación con la afirmación correspondiente y analizaremos el oráculo para ver qué Sellos acompañan la energía del día. Y desde ese momento hasta la noche pensaremos qué queremos hacer los 12 días siguientes y cuál sería nuestro objetivo, nuestro *propósito* de aventura.

Tomaremos como ejemplo la Onda Encantada del Guerrero. El primer día medito con el Guerrero 1 y analizo su oráculo acerca de la meta que quiero lograr. (A los efectos de no extender el ejemplo no mencionaré, para cada día de la Onda Encantada, que hay que meditar y analizar el oráculo correspondiente, pero recuerda que es necesario hacerlo.)

Por la noche anoto la respuesta a la pregunta que me hice acerca de mi propósito. Supongamos que en mi libro anoté: "Organizar un taller de calendario maya", aprovechando la fuerza de la inteligencia superior que me da el Guerrero.

Amanece el segundo día, que en este ejemplo es Tierra 2. Medito acerca de los desafíos que tendré que afrontar para lograr mi propósito; se me ocurre la siguiente respuesta: "No encuentro el lugar apropiado para llevar a cabo el taller; falta el material para entregar". En fin, vendrán a mi mente cosas que tengan que ver con la esencia de la Tierra. Anoto estos pensamientos.

El tercer día es Espejo 3. Como en los otros días, medito la afirmación y veo el oráculo del día. Mi pregunta será: "¿Cómo activo el servicio para llegar al propósito?". Anoto por la noche: "Dando lo mejor de mí, repasando algún conocimiento que no tenga seguro y pidiendo al Espejo que me dé la energía del orden para organizar el taller".

El cuarto día es Tormenta 4. Tengo que autogenerar la manera en la que llevaré a cabo el taller. La pregunta será: "¿Cuál es la forma de acción?". Anoto por la noche la forma que determine para el desarrollo del taller.

El quinto día es Sol 5. Con todo el fuego y la luz del sol tomo el comando para reunir recursos para dar el taller. Me pregunto: "¿Cómo puedo darle fuerza a mi propio potencial?". Anoto por la noche: "Debo sintetizar el material; anotar direcciones de correo electrónico y teléfonos para avisar a la gente acerca del taller".

Amanece nuevamente; hoy es Dragón 6. Me nutro de mi ser interior para lograr el equilibrio que me permitirá en este día responder a la pregunta: "¿Cómo puedo organizar mi propósito respetando la igualdad?". Anoto por la noche: "El taller será dado desde el conocimiento inicial aunque algunos asistentes ya sepan algo".

El séptimo día es Viento 7. Meditaré con relación a cómo sinto-
nizarme para dar un mejor servicio en mi propósito. Anoto por
la noche: "Haremos la Plegaria de las 7 Direcciones para invocar
el espíritu antes de comenzar con el taller".

El octavo día es Noche 8. En este día, la pregunta es si vivo lo que
creo. Este Tono nos habla de la integridad; meditaré en si vivo realmente lo que voy a dar en el taller. Anoto por la noche: "En el taller
daré ejemplos de vivencias relacionadas con el Calendario".

Amanece y ya estoy en el noveno día de la Onda Encantada. Es
Semilla 9. La Semilla permitirá que florezca la respuesta a la pregunta de este día, que es: "¿Cómo puedo alcanzar mi
propósito?". Anoto por la noche: "Poniéndome en acción".

El décimo día es Serpiente 10. La pregunta en el décimo día es:
"¿Cómo puedo perfeccionar lo que hago?". Meditaré, pidién-
dole a la Serpiente su sabiduría. Llega la noche y anoto:
"Estudiando y ampliando conocimientos".

Ya estamos transitando el día 11 de esta Onda. El Kin es Enlazador de Mundos 11. La pregunta de este día es: "¿Cómo libero el
propósito?". Por la noche anoto: "Divulgando por los medios de
comunicación la realización del taller".

Amanece y estamos transitando el Kin Mano 12. La pregunta es:
"¿Cómo me dedico a todos?". Por la noche anoto: "Cooperando y trabajando con otros seres para poder dar el taller".

Ha llegado el último día de la Onda Encantada del Guerrero:
terminamos con el Sello Estrella 13. Tengo que contestar a la
pregunta: "¿Cómo puedo trascender?". Por la noche anoto:
"Haciendo mi propósito sin expectativas". De esta manera se
puede cumplir el propósito y, si no se logra, se puede probar en
otra Onda Encantada.

Detalle de las preguntas de la Onda Encantada de la aventura	
1.er día	¿Cuál es mi propósito, meta u objetivo?
2.º día	¿Cuáles son los desafíos para el logro del propósito?
3.er día	¿Cómo puedo servir en ese propósito?
4.º día	¿Cuál será mi forma de acción?
5.º día	¿Cómo llego a potenciar mi poder y reunir los recursos para el logro del propósito?
6.º día	¿Cómo organizo el propósito?
7.º día	¿Cómo sintonizo la acción con el servicio que daré?
8.º día	¿Soy íntegro?, ¿vivo lo que creo?
9.º día	¿Qué pulso para producir la realización de este propósito?
10.º día	¿Cómo perfecciono el propósito para su manifestación?
11.º día	¿Qué estructuras debo disolver para liberar el propósito?
12.º día	¿Cómo puedo practicar la cooperación con mi propósito?
13.er día	¿Cómo trasciendo del propósito al hecho concreto?

La Onda Encantada de la aventura se sigue de acuerdo a cómo se van presentando las Ondas en el año. El seguir un orden galáctico natural permite que los propósitos fluyan armoniosamente.

Conviértete en un viajero del tiempo. El vehículo es la Onda Encantada de la aventura, pero el protagonista y "surfista" de esta ola del recuerdo eres tú.

Capítulo 4
Castillos

¿QUÉ SON LOS CASTILLOS?

Así como en la Tierra estamos viviendo en sitios que se organizan como barrios, pueblos, ciudades, provincias, países y continentes, en la cuarta dimensión la estructura del tiempo forma los Castillos. Son 5 y cada uno contiene 4 Ondas Encantadas.

Ésta es la base constitutiva de la *nave del tiempo* Tierra 2013. Sí, una *nave*. Así como los glóbulos son naves dentro de tu cuerpo físico y nosotros somos naves dentro de una sociedad, el planeta es una nave del tiempo que navega en el sistema *Kinich Ahau* de esta galaxia.

Este sistema, a su vez, transita por el multisistema estelar de las Pléyades; éste se mueve dentro de la galaxia; ésta, dentro de un universo.

Cada Castillo está relacionado con un punto cardinal. Tiene una corte de Kines y una misión que cumplir. Comparando esta nueva estructura con las conocidas, diremos que es como si cada ciudad, con sus habitantes, desarrollara una actividad diferente, pero que hace al todo.

Veamos:

- El primer Castillo, de acuerdo con el orden cromático (que en la Cuenta Sagrada del Tiempo siempre está presente), es *rojo*. El punto cardinal que le corresponde es el Este. Su corte de Kines es la del nacimiento y su misión es la siembra de Semillas. Esta corte se llama "del nacimiento" porque, de las 4 Ondas Encantadas que forman este Castillo, la primera es la del Dragón; las otras Ondas o "trencitos" son la del Mago, la de la Mano y la del Sol. En este Castillo se produce la siembra con la fuerza de la memoria, que nutre con la conciencia del tiempo, de la realización y de la luz.

- El segundo Castillo es de color *blanco*. La corte de Kines es la de la muerte (recordemos que este concepto tiene que ver con una gran trascendencia, ya que nada muere, sólo se transforma). Esto se debe a que en este Castillo está la Onda Encantada del Enlazador de Mundos. Las otras Ondas Encantadas que forman este Castillo del Norte, que tiene como misión refinar a los Guerreros, son la del Caminante del Cielo, la de la Tormenta y la del Humano. En este Castillo el refinamiento que trasciende los egos va a estar apoyado por los poderes del Cielo y de la Tierra, de la muerte, de la autogeneración y de la libre voluntad.

- El tercer Castillo es el *Azul*. La corte de Kines es la de la magia; su misión es transformar la Estrella, haciéndola brillar alegremente. Esta corte se llama "de la magia" porque en este Castillo está contenida la Onda Encantada del Mono. El punto cardinal que le corresponde es el Oeste y las otras Ondas Encantadas que lo conforman son la de la Serpiente, la del Espejo y la de la Semilla. En este Castillo se transforma lo opaco en brillo gracias a los poderes de la fuerza vital, del orden, de la magia y del florecimiento.

- El cuarto Castillo es *amarillo*. La corte de Kines es la de la inteligencia y tiene como misión madurar el sol, la conciencia de luz. Esta corte se llama así porque en este Castillo está la Onda Encantada del Guerrero, cuya esencia es la inteligencia. Este Castillo corresponde al Sur y lo forman, además de la ya mencionada, las Ondas Encantadas de la Tierra, del Perro y de la Noche. En este Castillo se logra la maduración a través de los poderes de la evolución, del amor, de la abundancia y de la inteligencia.

- Por último, está el Castillo *Verde* Central. Su corte de Kines es la de la matriz y tiene como misión sincronizar a los humanos. Se llama "de la matriz" porque es el centro de autorregulación de vida de los otros cuatro Castillos. Las Ondas Encantadas que lo forman son las de la Luna, del Viento, del Águila y de la Estrella. En este Castillo se puede llegar a la sincronización de los humanos gracias al poder de fluir, del espíritu, de la creatividad y del arte.

Sabiendo tu Sello y Tono puedes encontrarte en una Onda Encantada y ahora también saber qué Castillo te corresponde. Estamos profundizando y recordando más aún en cada mapa de vida.

LOS CASTILLOS Y TU MISIÓN

Como nave del tiempo, los cinco Castillos tienen giros fractales[1], que se mueven todos a la vez: el giro de 260 días, en el que cada Castillo dura 52 días; el giro de 260 años, en el que cada Castillo dura 52 años; y el mayor al cual nos vamos a referir es el de 26.000 años, en el que cada Castillo dura 52 siglos, o sea, 5.200 años.

En esta era, que finaliza en el 2012, estamos cerrando el giro de 26.000 años y transitamos en el Castillo Verde Central. Este giro de 26.000 años se divide en cinco subciclos o suberas, cada uno de los cuales dura aproximadamente 5200 años. Estamos cerrando el último de estos subciclos dentro del giro de 26.000.

Este subciclo comenzó en el año 3113 a. de C. y finaliza el 21 de diciembre de 2012. Como dijimos, estamos circulando en el Castillo Verde; los últimos 1.300 años, específicamente en la Onda Encantada de la Estrella. Y los últimos 100 años intentamos cumplir la misión que nos da el Sello del Sol 13, Sol Cósmico Amarillo, que cierra la Onda Encantada de la Estrella. Quiere decir que la humanidad debe trascender hacia una conciencia de luz, sincronizándose, para lograr la iluminación que el Sol 13 pide.

Dentro de esta cuenta se mueve otra menor, en la que cada Kin es un año, y cada Castillo, 52 años. Para seguir con la fecha que estamos tomando como ejemplo, usaremos el año 2012, cuyo umbral galáctico es Tormenta Resonante Azul, de la Onda Encantada del Caminante del Cielo, que se encuentra en el Castillo Blanco.

---

[1] Recordemos que se llama "fractal" a toda "figura plana o espacial, compuesta de infinitos elementos, que tiene la propiedad de que su aspecto y distribución estadística no cambian cualquiera que sea la escala con que se observe" (Real Academia Española, *Diccionario de la lengua española*, 22ª ed., Espasa-Calpe, Madrid, 2001).

¿Cómo estaremos sincronizándonos y trascendiendo a la luz? Canalizando la autogeneración de la Tormenta y trascendiendo o muriendo en nuestra personalidad, refinándonos como Guerreros del Arco Iris.

Cuando hablamos de Guerreros siempre la intención es la de marcar la energía de la fuerza, de la valentía, de la intrepidez, del trabajo por un mundo mejor, por la Nación Arco Iris. No hablamos de guerra sino de trabajo conjunto por la paz y hacia el bienestar planetario.

Ya nos ubicamos dentro del ciclo de 26.000 años; corresponde a este siglo, dentro de esta era, transitar el Castillo Verde. Dentro del siglo, en el año 2012 transitaremos el Castillo Blanco, y ahora determinaremos qué Castillo se transita por día. Tomaremos para nuestro ejemplo el día que cierra el ciclo, el 21 de diciembre. Este día, el Kin es Mano 12, Mano Cristal Azul, de la Onda Encantada del Guerrero, que está en el Castillo Amarillo. Entonces, uniendo lo anterior (es decir, la información del siglo, la del año y la del día), la misión del 21 de diciembre de 2012 será: *trabajar cooperativamente sanando, con el poder de la inteligencia que hará madurar al planeta hacia una conciencia superior, recibiendo la energía autogeneradora de la Tormenta, que, junto al Caminante del Cielo, unirá los Cielos y la Tierra para refinar a los Guerreros del Arco Iris en todos sus planos, sincronizándolos para trascender hacia la iluminación.*

Si quieres incorporar la información de los Castillos para sumar detalles de tu misión, tendrás en cuenta que los *datos correspondientes al siglo* son para todos iguales.

Analiza luego el *año en que naciste*. ¿Qué umbral galáctico es? ¿A qué Onda Encantada pertenece? ¿En qué Castillo se encuentra esa Onda Encantada? Tendrás entonces la información del año.

Por último, agregarás a estos datos la información relativa a tu *día de nacimiento*: umbral galáctico, Onda Encantada, Castillo.

Vamos a ver un ejemplo con la fecha 28 de octubre de 1961:

a) **Información relativa al siglo:** El Kin correspondiente es Sol 13, Sol Cósmico Amarillo, de la Onda Encantada de la Estrella, que integra el Castillo Verde.

b) **Información relativa al año (1961):** El Kin correspondiente es Semilla 8, Semilla Galáctica Amarilla, de la Onda Encantada de la Tierra, que integra el Castillo Amarillo.

c) **Información relativa al día (28 de octubre de 1961):** El Kin correspondiente es Espejo 11, Espejo Espectral Blanco, de la Onda Encantada de la Estrella, que integra el Castillo Verde.

Integrando las misiones tenemos como resultado:

a) Sincronizar a los humanos con el poder del arte, para trascender hacia la iluminación, b) integrando la verdadera espiritualidad con el poder de la evolución como servicio a la maduración de la Tierra como sol y c) liberando el orden natural con el poder del arte, operando como matriz de sincronización.

Agreguemos a lo anterior la misión que se sumará a partir del cumpleaños de 2012:

d) **Umbral galáctico del año 2012:** El Kin es Tormenta 7, Tormenta Resonante Azul, de la Onda Encantada del Caminante del Cielo, que integra el Castillo Blanco.

e) **Umbral galáctico del 28 de octubre 2012:** Es Caminante del Cielo 10, Caminante del Cielo Rojo, de la Onda Encantada de la Semilla, que integra el Castillo Azul.

Ahora integramos la misión anual a lo anterior:

Sincronizar a los humanos armoniosamente, para lograr la iluminación planetaria, integrando la verdadera espiritualidad al servicio de la evolución de la Tierra y, así, liberar el orden que embellecerá la matriz de sincronización.

Abrir canales para la gran transformación que unirá los Cielos y la Tierra, perfeccionar con el poder que da la unión con la espiritualidad, limpiando el karma, para que florezca la Estrella que mora en todo ser.

Debemos recordar que la misión se proyecta hacia uno mismo y hacia los demás. Los más atrevidos pueden sumar a la información relativa al siglo, al año natal y al día natal los datos del año en curso: Sello y Tono, Onda Encantada y Castillo, y lo que determina el día de cumpleaños con la misión anual. Ahora podrás saber más acerca de tu rol dentro de este ciclo, año por año, hasta el cierre del ciclo en 2012.

SENDERO DE VIDA

Al saber que cada año en la fecha del cumpleaños solar (o sea, cuando se repite en el almanaque el día y mes de nacimiento) cambia la misión anual, podemos deducir que, además de una misión natal, que es fija, tenemos la anual, que es cambiante. ¿Cómo es esto?

Esta misión anual transita siempre entre los Sellos de la Familia Terrestre del Sello natal y los Tonos siempre van sumando 1 cada año. Luego del Tono 13 nuevamente aparecerá el Tono 1. El *sendero de vida* se completa cada 52 años, cuando se produce una coincidencia total (Sello y Tono) entre el umbral natal y el anual. Esto quiere decir que a tus 52 años renaces con un umbral anual igual al natal; entonces tu misión se potencia.

En el sendero de vida veremos que cada 4 años volvemos al Sello natal. Al cumplir 26 años, estamos en la mitad del sendero de vida, transitando por el umbral galáctico del opuesto perfecto, del antípoda perfecto, que permitirá el recuerdo más profundo de la misión natal. Analizar qué acontecimientos se presentaron en esta edad confirmará que es un gran impulso en la memoria. Esta sincronía del antípoda perfecto se repite a los 78 años.

CELEBRACIONES Y FESTEJOS

Al seguir la cuenta solar-lunar-galáctica se presentan más celebraciones a tener en cuenta y festejar conscientemente.

En tu cumpleaños solar, cuando se repite en el almanaque la fecha de tu nacimiento, recibes una nueva misión anual, que dará nuevos aspectos a sumar a tu misión natal.

También debes considerar tu "cumple Kin" o "cumple galáctico", que se da cada vez que en la cuenta diaria aparece tu umbral natal. Como el ciclo galáctico es de 260 Kines, en este caso 260 días, el "cumple Kin" será también cada 260 días. Por lo tanto, en un período solar de 365 días, tu umbral natal puede aparecer una o dos veces en el almanaque, según cómo gire la cuenta ese año.

Siguiendo el ejemplo anterior, en que tomamos como fecha natal el 28 de octubre de 1961, cuyo umbral galáctico es Espejo Espectral Blanco, cada vez que en el almanaque sea Espejo Espectral Blanco será el "cumple Kin" de la persona en cuestión.

En cada "cumple Kin" se puede realizar una meditación, ya que habrá más sintonía que en otros días para recibir dones de la conciencia galáctica.

Hay otra celebración, que se da cada 28 días y se llama "lunario". Sabiendo en la Cuenta de las 13 Lunas de 28 Días en qué luna naciste y en qué día, podrás calcular tu lunario, que se dará cada vez que se presente en cualquier luna el número del día en el que naciste. Esta sincronía da más contacto con la energía femenina, con la Luna, que te otorgará más inspiración y arte, y potenciará tu espíritu. Siguiendo con el ejemplo, el 28 de octubre de 1961 es en la Cuenta de las 13 Lunas el día Kali 11, de la Luna Autoexistente de la Lechuza[2]. En cada luna, cuando sea Kali 11 será el lunario.

Vivir el nuevo tiempo permite celebrar la vida. Busca tus sincronías y disfruta tu tránsito por esta bendita Tierra.

---

[2] Remito nuevamente a mi libro *Calendario Maya: la Cuenta Sagrada del Tiempo*.

Capítulo 5
Relación del Calendario de las 13 Lunas con el I Ching, los plasmas solares y las runas del Futhark

La cuenta de las 13 Lunas de 28 Días es un módulo de sincronización galáctica que hace el puente cuatridimensional para lograr la ascensión planetaria.

Como herramienta cuatridimensional abraza varios conocimientos que en distintas culturas planetarias fueron manifestándose. Veamos entonces la relación con el sistema oracular chino I Ching.

RELACIÓN CON EL I CHING

Comencemos por definir "geomancia". La geomancia es la adivinación derivada de las líneas o signos de la Tierra, de sus reinos, elementos y cuerpos, en relación con el sistema estelar. Es el estudio del planeta como un organismo vivo conectado al nuestro. En China aparece este estudio como feng shui, también llamado "acupuntura de la Tierra".

La geomancia fue muy utilizada también en Arabia, en África y en la Europa medieval.

Haciendo una comparación, así como el tai-chi-chuan o el yoga sanan y armonizan el cuerpo humano, el feng shui armoniza el planeta.

Lo mismo sucede con el I Ching. Éste es también un sistema geomántico, ya que se basa en la reciprocidad *mente-entorno*. El I Ching, además de ser un método de autoindagación y orientación personal, es un vehículo de armonización del organismo humano con el organismo de la Tierra[1].

El I Ching no sigue una ideología ni una religión. Es un instrumento oracular de guía evolutiva, de crecimiento, autoconocimiento y toma de conciencia[2].

Cuando estuve en México iniciando mis estudios del Calendario Maya con la señora Lourdes Miranda, fundadora de Acción Guardiana Internacional para Latinoamérica, grabé en mi memoria un concepto que ella nos transmitió con respecto a la palabra "oráculo". Dijo: "Un oráculo es una herramienta para *adivinar*, *a-divinar*, atraer lo divino a la Tierra para que sea guía del crecimiento espiritual". Jamás olvidaré esto.

Es evidente que las herramientas oraculares, en general, son tomadas superficialmente, aunque todas fueron creadas para orientación espiritual.

El I Ching es también llamado "Libro de los Cambios" o "Libro de los Mutaciones". Está basado en un sistema binario de dos

---

[1] Para un estudio más profundo, se recomienda el libro *La Tierra en ascenso*, de José Argüelles.
[2] Recomiendo profundizar en el tema a través del libro del especialista Gustavo Andrés Rocco *I Ching: el alma del Oráculo del Cambio*, de esta misma Colección.

líneas: la línea femenina, *yin*, es una línea horizontal partida, y es receptora de energía; la línea masculina, *yang*, es una línea horizontal entera, y es dadora de energía.

Al estar fundado en este sistema binario, José Argüelles lo hace equivaler al código genético (véase más adelante el punto "¿Qué es un codón?").

El I Ching se basa en permutaciones binarias de 8 triples estructuras primarias dando como resultado 64 estructuras de 6 líneas cada una, llamadas "hexagramas". El I Ching funciona más en el plano psíquico emocional, y el ADN (ácido desoxirribonucleico –portador de la información genética–), en el biológico.

Veamos un ejemplo. El hexagrama 40 se llama "Hisieh". Su esencia es "La Liberación" y está formado por las siguientes líneas:

Hexagrama 40, "La Liberación".

Las líneas siempre se leen de abajo hacia arriba. Se puede ver con claridad que se forman dos trigramas:

A) El que incluye las líneas 1, 2 y 3 es la base, la tripleta primaria.

B) El que incluye las líneas 4, 5 y 6 es el resultado, la tripleta transformada.

Las tripletas tienen un significado y una denominación. Las diferentes configuraciones de las tripletas dan diversos sentidos a los hexagramas.

Trigrama	Denominación galáctica	Denominación en el I Ching
☰	Tiempo	Cielo
☷	Espacio	Tierra
☳	Energía	Trueno
☴	Aliento	Viento
☵	Corazón	Agua
☲	Visión	Luz
☶	Templo	Meditación
☱	Alegría	Océano

En el ejemplo anterior, en el hexagrama 40, "La Liberación", se leerá que el sentimiento del corazón fluye como el agua para lograr la fuerza del trueno.

Veamos otro ejemplo, con el hexagrama 48, que es aquel con el que finaliza el Gran Ciclo. La denominación de este hexagrama es "Alcanzar la fuente de agua". Está formado por la tripleta primaria *Aliento* y el resultado *Corazón*: con la fuerza del aliento divino, del espíritu, se logra fluir al centro del corazón.

Si recordamos que estamos usando entre un 7 y un 15 % de nuestras capacidades cerebrales intelectuales perceptivas, se deduce que del código genético sólo se sabe una parte, por ejemplo, que los factores de la herencia física están grabados en el ADN. José Argüelles recibió el conocimiento de las 20 Tablas de la Ley del Tiempo, que no son otras que las que recibió Moisés y rompió, ya que comprendió que la amnesia que existía en los seres en ese tiempo no permitía que fueran utilizadas y que serían dejadas de lado.

Por eso, luego Moisés recibió otras tablas, las que contenían los diez mandamientos. Otra vez en la Tierra, las 20 Tablas de la Ley del Tiempo completan el conocimiento que encierran los diez mandamientos.

Se funde el sistema decimal en el vigesimal. En las 20 Tablas de la Ley del Tiempo se trabaja telepáticamente con los hexagramas del I Ching en relación a los codones del ADN para provocar el recuerdo del programa "ser humano" original, funcionando 100 % despierto y en perfección divina. Lo que los hebreos llaman "Adán Kadmón".

- **¿Qué es un codón?**

El código genético, plasmado en el ADN, se "escribe" con cuatro "letras" correspondientes a ácidos nucleicos, que se representan, en lenguaje binario, por una raya entera y una partida. Se trata, pues, de un total de cuatro posibles combinaciones de dos líneas. Tres de estas estructuras pueden combinarse para producir un codón, una estructura de seis líneas. De estos codones se derivan los 20 aminoácidos.

En las 20 Tablas de la Ley del Tiempo, para cada año hay 4 codones que reinan, cada uno orientado a un punto cardinal y relacionado con uno de los cuatro trimestres en los que se divide el año. Como sabemos, la Cuenta Sagrada de las 13 Lunas de 28 Días da un total de 364 días, más el Día Verde. Si dividimos los 364 días por 4 (cantidad de codones) nos dará 91, que es igual a 13 por 7. Quiere decir que se puede trabajar la mutación de un hexagrama-codón en 13 semanas, pasando en la séptima semana por el inverso perfecto, o sea, la posición mística de la Onda Encantada, la columna vertebral del "trencito" del que hablábamos en el Capítulo 3.

Estas permutaciones matemáticas hacen que se medite la totalidad de los 64 hexagramas hasta el 2013.

En la secuencia de 13 semanas, el codón que reina muta en 11 codones. Veamos.

Por ejemplo: para el año 2012 (que comienza el 26 de julio), año Tormenta Resonante Azul, el primer trimestre, rojo, del Este, que incluye las semanas 1 a 13 de ese año (desde el día Dali 1, de la

Luna Magnética, al día Silio 7, de la Luna Autoexistente[3]), la secuencia se desarrolla así:

Semanas	1	2	3	4	5	6	7	8	9	10	11	12	13
Codones	24	2	7	46	32	28	44	1	13	25	42	27	24

Como podemos observar, termina la secuencia con el mismo número de codón con que comienza.

En esta secuencia tenemos entonces un hexagrama por semana. En el Capítulo 6 veremos en forma práctica cómo se medita. Por ahora sabemos que cada semana está asociada a un hexagrama que trabaja sobre un codón. También en el Capítulo 6 encontrarás una tabla con los hexagramas correspondientes a cada semana, hasta el año 2012 inclusive.

También existe otra forma de aplicar los hexagramas a la Cuenta de 13 Lunas. Cada ser, de acuerdo con su número de Kin (o sea, su posición en el Tzolkin), tiene asignado un hexagrama, que es aquel en el que tiene que meditar y trabajar en esta encarnación.

Teniendo en cuenta tu Kin, busca tu hexagrama en la siguiente tabla.

- **Ejemplo:** Kin 258, Espejo Espectral Blanco; le corresponde el hexagrama 2.

---

[3] Con respecto a las lunas, sus denominaciones y características, remito nuevamente a mi libro *Calendario maya: la Cuenta Sagrada del Tiempo*, de esta misma Colección.

KINES	HEXAGRAMA	KINES	HEXAGRAMA
1, 2, 3 y 4	1	5, 6, 7 y 8	43
9, 10, 11 y 12	44	13, 14, 15 y 16	14
17, 18, 19 y 20	28	21, 22, 23 y 24	34
25, 26, 27, y 28	50	29, 30, 31 y 32	9
33, 34, 35 y 36	32	37, 38, 39 y 40	5
41, 42, 43 y 44	57	45, 46, 47 y 48	26
49, 50, 51 y 52	48	53, 54, 55 y 56	11
57, 58, 59 y 60	18	61, 62, 63 y 64	10
65, 66, 67 y 68	46	69, 70, 71 y 72	58
73, 74, 75 y 76	6	77, 78, 79 y 80	38
81, 82, 83 y 84	47	85, 86, 87 y 88	54
89, 90, 91 y 92	64	93, 94, 95 y 96	61
97, 98, 99 y 100	40	101, 102, 103 y 104	60
105, 106, 107 y 108	59	109, 110, 111 y 112	41
113, 114, 115 y 116	29	117, 118, 119 y 120	19
121, 122, 123 y 124	4	125, 126, 127 y 128	13
129, 130, 131 y 132	No tienen	133, 134, 135 y 136	7

KINES	HEXAGRAMA	KINES	HEXAGRAMA
137, 138, 139 y 140	49	141, 142, 143 y 144	33
145, 146, 147 y 148	30	149, 150, 151 y 152	31
153, 154, 155 y 156	55	157, 158, 159 y 160	56
161, 162, 163 y 164	37	165, 166, 167 y 168	62
169, 170, 171 y 172	63	173, 174, 175 y 176	53
177, 178, 179 y 180	22	181, 182, 183 y 184	39
185, 186, 187 y 188	36	189, 190, 191 y 192	52
193, 194, 195 y 196	25	197, 198, 199 y 200	15
201, 202, 203 y 204	17	205, 206, 207 y 208	12
209, 210, 211 y 212	21	213, 214, 215 y 216	45
217, 218, 219 y 220	51	221, 222, 223 y 224	35
225, 226, 227 y 228	42	229, 230, 231 y 232	16
233, 234, 235 y 236	3	237, 238, 239 y 240	20
241, 242, 243 y 244	27	245, 246, 247 y 248	8
249, 250, 251 y 252	24	253, 254, 255 y 256	23
257, 258, 259 y 260	2		

Tabla de correspondencia entre números de Kines y hexagramas.

Como se puede observar, hay 4 Kines que no tienen hexagrama, ya que están en el centro del Tzolkin, en el ombligo de la matriz del tiempo. Este centro, aunque parece que no contiene nada, realmente contiene a todos los hexagramas. Si tu misión es la de alguno de estos 4 Kines, puedes leer al azar los hexagramas en un libro de I Ching, concentrándote y pidiendo que salga el que sea más necesario meditar en este tiempo para tu evolución.

Es preciso que cuando se haga el estudio de los hexagramas, ya sean personales o planetarios, se acompañe la investigación con un libro del I Ching, para una mayor compresión, que abra el camino hacia la meditación y el trabajo evolutivo que deba hacerse.

PLASMAS SOLARES

Otro de los conocimientos que se trabajan desde la visión del tiempo solar-lunar-galáctico es el de los plasmas solares.

El Libro de las Revelaciones o Apocalipsis de San Juan habla de los siete Sellos. Éstos también son mencionados en las profecías de Pacal Votan (el gran rey maya, a quien ya he mencionado). De acuerdo con esta última referencia, los Sellos ya estarían abiertos. La profecía menciona que el primero se abrió en el año 1993-1994, y el último en el año 1999-2000. Estos Sellos o plasmas tienen un símbolo, un nombre, una energía, una relación con un día de la semana, una relación estelar, un guía espiritual, y están asociados a un chakra o centro de energía en el cuerpo humano. También tienen una afirmación.

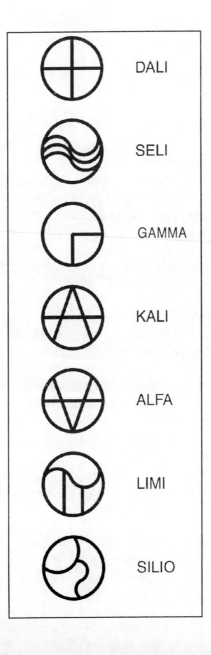

Dali: Es de color amarillo. Representa al primer día de cualquier semana (días 1, 8, 15 y 22 de las lunas). Está relacionado con la Fuente Omnigaláctica. El guía espiritual es Cristo.

El chakra que activa es el corona. A este centro de energía en sánscrito se lo denomina *"sahasrara"*, que significa 'loto de los mil pétalos', flor que representa el infinito. Es el centro de la conexión con la Conciencia Cósmica. Los hindúes atribuyen a este chakra el trono de la iluminación, el centro y la fuente de la conciencia. Se ubica en la corona de la cabeza.

La afirmación de Dali es "Mi padre es la conciencia intrínseca, yo siento el calor". Dali determina el camino.

Seli: Es de color rojo. Representa al segundo día de cualquier semana (días 2, 9, 16 y 23 de las lunas). Está relacionado con la Tierra. El guía espiritual es Mahoma.

El chakra que activa es el raíz. A este centro de energía en sánscrito se lo denomina *"muladhara"*, que significa 'fundamento, raíz'. Se ubica en la base de la columna vertebral. Tiene como función el anclaje, la supervivencia, el enraizamiento en la Tierra.

La afirmación de Seli es "Mi madre es la esfera absoluta, yo veo la luz". Seli permite el fluir.

Gamma: Es de color blanco. Representa al tercer día de cualquier semana (días 3, 10, 17 y 24 de las lunas). Está relacionado con *Hunab Ku* (sol central de la galaxia). El guía espiritual es Pacal Votan.

El chakra que activa es el del tercer ojo. A este centro de energía en sánscrito se lo denomina "*ajna*", que significa 'percibir, intuir, saber'. Se ubica a la altura del entrecejo. Este chakra desarrolla el sexto sentido, el de la clarividencia.

La afirmación de Gamma es "Mi linaje es la unión de la conciencia intrínseca y la esfera absoluta, yo practico el poder de la paz". Gamma pacifica abriendo la visión.

Kali: Es de color azul. Representa al cuarto día de cualquier semana (días 4, 11, 18 y 25 de las lunas). Está relacionado con *Kinich Ahau* (sol local). El guía espiritual es Quetzalcoatl.

El chakra que activa es el sexual. A este centro de energía en sánscrito se lo denomina "*swadhistana*", que significa 'dulzura'. Se ubica por encima de los genitales y por debajo del ombligo. Tiene como función la procreación, la sexualidad y el equilibrio de la energía vital.

La afirmación de Kali es "Mi nombre es el glorioso nacido del loto, yo catalizo la luz-calor interior". Kali acelera los procesos.

Alfa: Es de color amarillo. Representa al quinto día de cualquier semana (días 5, 12, 19 y 26 de las lunas). Está relacionado con Sirio (multisistema estelar de esta galaxia). El guía espiritual es San Juan de Patmos.

El chakra que activa es el laríngeo. A este centro de energía en sánscrito se lo denomina "*vishuda*", que significa 'purificación'. Se ubica en la garganta. Tiene como función la comunicación y la creatividad. Este chakra es el sonido expresado; manifiesta el poder creativo del verbo.

La afirmación de Alfa es "Mi país es la esfera última no nacida. Yo libero el electrón doble extendido en el Polo Sur". Alfa libera estructuras.

Limi: Es de color rojo. Representa al sexto día de cualquier semana (días 6, 13, 20 y 27 de las lunas). Está relacionado con la Estación de medio camino Arturus-Antares. El guía espiritual es Padmasambaba (mensajero de Buda).

El chakra que activa es el del plexo solar. A este centro de energía en sánscrito se lo denomina *"manipura"*, que significa 'gema brillante'. Se ubica entre el corazón y el ombligo. Este chakra regula la voluntad y el poder. Es un centro de transformación.

La afirmación de Limi es "Yo consumo pensamientos dualistas como alimento, yo purifico el electrón mental en el Polo Norte". Limi purifica, recicla.

Silio: Es de color blanco. Representa al séptimo día de cualquier semana (días 7, 14, 21 y 28 de las lunas). Está relacionado con las Pléyades (multisistema estelar de esta galaxia). El guía espiritual es Buda.

El chakra que activa es el cardíaco. A este centro de energía en sánscrito se lo denomina *"anahata"*, cuyo significado es 'intacto'. Se ubica en el centro del corazón y desde allí despliega la energía del amor, integrando todos los cuerpos para que vibren en la unidad y en la paz.

La afirmación de Silio es "Mi rol es cumplir las acciones de Buda. Yo libero el electrón neutrón mental en el centro de la Tierra". Silio produce la descarga energética.

A diferencia de los nombres de los días en el calendario gregoriano, en esta cuenta perpetua los nombres no cambian. Por ejemplo, el día 26 de julio será siempre Dali 1, de la Luna 1 Magnética; el 28 de octubre será siempre Kali 11, de la Luna Autoexistente.

La mente no debe detenerse a calcular, se funde con la telepatía cósmica. En el Capítulo 6 se explica cómo meditar con los plasmas semanalmente.

Lo importante es que cada día en esta cuenta del tiempo natural tiene una energía diferente de la de los demás, que lo hace especialmente importante. Seguir esta cuenta hace que cada día de tu vida sea importante.

Además de las meditaciones que se detallan en el Capítulo 6, puedes saber cuál es tu plasma solar y trabajar con él. De acuerdo con el día en que hayas nacido, determina la luna y el día que te correspondan (esta información puedes encontrarla en mi libro ya citado, *Calendario maya: la Cuenta Sagrada del Tiempo*, de esta misma Colección).

Busca ahora tu plasma. Conocerlo te da una información de conexión con la galaxia, justo con el punto de mayor contacto en tu cuerpo, y el guía que te puede ayudar a realizar esa comunicación.

Gráfico n.° 17

LAS RUNAS DEL FUTHARK

Las runas representan un lenguaje sagrado de 24 letras, que los primeros seres iniciados en la luz, en la raza humana, recibían y utilizaban.

"Futhark" es una palabra compuesta por las seis primeras letras del alfabeto rúnico germano (**F**ehu, **U**ruz, **Th**urisaz, **A**nsuz, **Ra**idho, **K**ennaz), que definen al lenguaje oracular vikingo.

Estas runas son las que Odín o Votan, dios de la mitología escandinava, creador de toda la vida universal y protector de los héroes, recibió luego de hacer un ayuno de nueve días. Él las entregó al pueblo germano para su mejor organización social. Las runas representan otro vasto conocimiento de evolución espiritual. Debido al adormecimiento planetario, se las limitó al uso oracular predictivo, pero ésta es sólo su utilización superficial, ya que para la nueva ciencia de la ley del tiempo ellas implican mucho más que esto.

En el libro *La Tierra en ascenso*, de José Argüelles, se presenta la expresión *"banco psi"* como denominación del cerebro del cuerpo de vida planetario (biosfera), que se divide en cuatro placas, las cuales, a su vez, tienen seis membranas o partecitas llamadas "membranas psi nimboides", que almacenan la conciencia planetaria.

El trabajo con las runas sobre estas membranas hace que esa conciencia planetaria se manifieste sobre la Tierra haciendo consciente lo que para los humanos está inconsciente.

Si multiplicamos el número de placas (4) por el número de membranas nimboides que cada una tiene (6), nos dará un resultado de 24 membranas psi nimboideas. Las 24 runas se relacionan con cada membrana psi nimboidea y permiten que fluya el despertar de la conciencia planetaria.

El uso de las runas del Futhark ayuda –en este último tiempo de transformación antes del final del ciclo– a limpiar la mente del planeta y restablecer la vida natural con todas sus especies.

La práctica con las 24 runas sirve para acelerar el despertar de la mente planetaria. Ya veremos en el Capítulo 6 cómo son las meditaciones. Cada día de la semana está asociado a una runa, menos los días Silio, o sea, los últimos de cada semana, en los que se experimenta el vacío que nos encuentra con el todo.

A continuación presentamos un cuadro de correspondencia de las runas.

Las runas se utilizan en secuencias semanales, como los hexagramas del I Ching. Así como cada ser humano tiene personalmente un hexagrama para meditar, también le corresponde una de las 24 runas.

Busca tu luna, semana y día en la cuenta solar-lunar-galáctica y encontrarás la runa que está más activa en ti. Por ejemplo, para alguien nacido el 27 de enero, cuya fecha solar-lunar-galáctica sería Kali 18, de la Luna Resonante, vemos que le corresponde la runa Sowilo, la que porta la fuerza del rayo solar.

La utilización diaria de las runas es perpetua, no cambia. También hay otra utilización de las runas, asociando cada luna a una runa, en la que la energía de la runa se expande por 28 días, activando fuertemente la membrana psi nimboidea a la que está asociada. Este trabajo con las runas cambia con los años; no lo

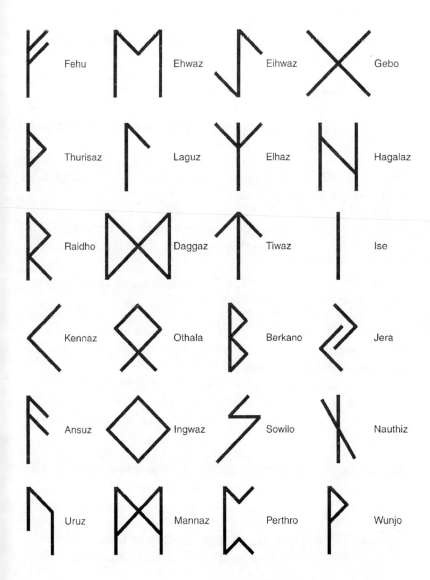

Gráfico n.° 18: runas del Futhark.

detallaremos en esta obra para no crear confusión. Sólo transmitiremos la práctica diaria de las runas, que se indica en el Capítulo 6.

Las runas asociadas a las lunaciones podrás encontrarlas en los almanaques de Magos de la Tierra que se publican en todo el mundo y que también pueden encontrarse en el sitio web www.tortuga.com.

Desarrollamos aquí una descripción de cada runa, siguiendo el orden de los días de una luna:

Fehu: También llamada *Feoh* o *Fa*, está asociada al primer día de cualquier luna. Es la ardiente abundancia. Representa la riqueza en todos los sentidos: material, espiritual, sentimental. Es la fuerza generadora del fuego central. Posee el impulso de la fecundidad. Produce y canaliza fuerzas cósmicas.

Uruz: También llamada *Ur*, está asociada con el segundo día de cualquier luna. Es el poder de modelar. Posee potencia solar masculina, coraje, libertad.

Thurisaz: También llamada *Thorn* o *Dorn*, está asociada con tercer día de cualquier luna. Es la lucha sagrada. Esta runa fortalece la voluntad.

Ansuz: También llamada *As* u *Os*, está asociada al cuarto día de cualquier luna. Es el aliento de Votan. Simboliza al Dios del Viento, aliento de vida y resurrección. Señor del movimiento.

Raidho: También llamada *Rad* o *Rita*, está asociada al quinto día de cualquier luna. Es el anillo solar. Es la búsqueda de la realización espiritual y la sabiduría interior.

Kennaz: También llamada *Ken*, está asociada al sexto día de cualquier luna. Es la antorcha que lleva la luz. Es la apertura de la mente. La luz que proviene del sol, ilumina y abre el fuego de los misterios.

> *El séptimo día de cualquier luna no tiene runa, ya que representa el vacío que contiene a todas las runas de esa semana.*

Ehwaz: También llamada *Eoh* o *Eh*, está asociada al octavo día de cualquier luna. Es la unión entre el caballo y el jinete. Simboliza la solución, fidelidad y vehículo para realizar sueños y deseos. Sintetiza el camino para el logro del despertar de los cuerpos solares.

Mannaz: También llamada *Man*, está asociada al noveno día de cualquier luna. Es el ser humano entero, el hombre como producto de su pensar, de su inteligencia, de su libre albedrío y de su verbo creativo. Esta runa aporta virtudes mentales.

Laguz: También llamada *Lagu*, está asociada al décimo día de cualquier luna. Está conectada con los poderes misteriosos de la luna, con la intuición. Se dice que es la naciente de agua, ya que se vincula con el fluir de las emociones.

Ingwaz: También llamada *Nig* o *Ing*, está asociada al undécimo día de cualquier luna. Es la semilla envuelta. Protege el hogar, la familia y la casa. Asegura fertilidad, providencia, productividad. Simboliza la unión.

Daggaz: También llamada *Daeg* o *Deag*, está asociada al duodécimo día de cualquier luna. Es la meditación del alba. Es el camino victorioso. Es la luz del cielo que actúa a través de la naturaleza para crear belleza.

Othala: También llamada *Ethel*, está asociada al decimotercer día de cualquier luna. Es el reino de la madre, el lugar natal. Es la conclusión de la vida en la Tierra. Está relacionada con los bienes y las posesiones.

> *El decimocuarto día de cualquier luna no tiene runa, ya que representa al vacío que contiene a todas las runas de esa semana.*

Eihwaz: También llamada *Eih* o *Eoh*, está asociada al decimoquinto día de cualquier luna. Es el árbol cósmico. Es el fruto de la sabiduría, el árbol resistente y elástico que da frutos. Es sinónimo de fuerza, vitalidad y protección.

Perthro: También llamada *Peord*, está asociada al decimosexto día de cualquier luna. Es la fuente de memoria, dadora de vida o salud. Marca los caminos ocultos a vencer con la asistencia de fuerzas superiores.

Elhaz: También llamada *Eolh* o *Zolh*, está asociada al decimoséptimo día de cualquier luna. Es el acto de hacer lo sagrado. Aparta el mal. Es símbolo de la paz para los aborígenes americanos. Es un escudo de protección contra los ataques, en todos los niveles.

Sowilo: También llamada *Sigel* o *Sig*, está asociada al decimoctavo día de cualquier luna. Es el rayo solar, el rayo de luz que llega a la Tierra; es la fuerza activa. Es la espada flamígera justiciera de los dioses.

Tiwaz: También llamada *Tyr* o *Thir*, está asociada al decimonoveno día de cualquier luna. Es el cetro de poder de creación. Este símbolo se grababa en las armas y se llevaba en la batalla para infundir valor y astucia. Tiw era el Dios de la guerra. Esta runa representa el valor y la resolución. Equilibra, ordena y da orientación hacia la felicidad.

Berkano: También llamada *Beorc* o *Bar*, está asociada al vigésimo día de cualquier luna. Es la fertilidad. Esta runa se relaciona con el abedul y sus propiedades curativas. Significa salud, belleza y amor. Fomenta la vitalidad, el crecimiento y renueva la fuerza vital. Potencia la reproducción. Da fertilidad.

> *El vigesimoprimer día de cualquier luna no tiene runa, ya que representa al vacío que contiene a todas las runas de esa semana.*

Gebo: También llamada *Gyfu*, está asociada al vigesimosegundo día de cualquier luna. Es el don. Es el valor personal de sacrificar y soltar lo que se debe abandonar para adquirir fuerza espiritual y sabiduría.

Wunjo: También llamada *Wyn*, está asociada al vigesimotercer día de cualquier luna. Es la alegría, la gloria. Es la recompensa al sacrificio, es el éxtasis, la iluminación. Representa la victoria premiada por Dios, que recompensa con la luz divina.

Hagalaz: También llamada *Haegl*, está asociada al vigesimocuarto día de cualquier luna. Es el cristal. Representa el fenómeno natural que destruye para despegar el letargo y llevarnos a la conciencia expandida, a desarrollar nuestro ser cristalino.

Nauthiz: También llamada *Nyd*, está asociada al vigesimoquinto día de cualquier luna. Es la prueba, la necesidad de resistir aun cuando no hay esperanza. Anuncia cambios fuertes y profundos.

Ise: También llamada *Is*, está asociada al vigesimosexto día de cualquier luna. Es la voluntad concentrada; el silencio y la calma para la reflexión en soledad. Alude a la energía femenina y a la kundalini como expresión elevada de la sexualidad.

Jera: También llamada *Ger*, está asociada con el vigesimosépti- mo día de cualquier luna. Es la ley de la alternancia. Revolución, cambio, es un vórtice de fuerzas activas; genera luz. Es el tiempo de cosechar lo que se sembró.

> *El vigesimoctavo día de cualquier luna no tiene runa, ya que representa al vacío que contiene a todas las runas de esa semana.*

LOS BENEFICIOS DE UNA MIRADA INTEGRADORA

Cuando profundizamos en la Ley del Tiempo, vemos que este conocimiento cuatridimensional abarca líneas de conocimiento como el I Ching, las runas, los plasmas solares.

Incorporando todo esto a lo ya visto, se puede hacer un mapa, primero personal, para una mayor comprensión, y luego de todo lo que se desee investigar y observar, ya que con cada paso que damos se abre una puerta más y las respuestas se hacen más amplias.

Cada "partecita" que vamos sumando desde el orden cíclico (año, lunación, semana, día) o el orden sincrónico (Sello, Tono, Onda Encantada, Castillo, etc.) nos permite despertar aún más. Estas herramientas son ordenadoras en todos los ámbitos (social, em- presarial, político, en la salud, en la educación, etc.). Y le permiten a cada ser aprovechar al máximo sus capacidades y, así, desarrollar- se en la actividad adecuada, de acuerdo con su misión.

Hacer mapas de relaciones humanas es muy sanador, ya que conociendo las sincronías y la misión que une a los seres se pueden comprender y trascender las situaciones.

Es importante recordar que el amor es eterno, como energía que acompaña a cada persona, y es inagotable, pero en las relaciones con otro ser este sentimiento puede tener una duración, la determinada por el tiempo que abarque la misión que juntos deben realizar. Luego, puede suceder que se separen los caminos, ya sea porque se llevó a cabo la misión o porque no se la cumplió y es necesario activarla de otra manera.

Muchas veces, cuando llegan estos momentos de soltar y caminar otra ruta, llevamos la "mochila" de la frustración, con broncas, decepciones, etc., emociones que sólo empastan nuestro ser. Cuando pasa un tiempo, es común (aunque no normal) escucharnos decir "Ya lo olvidé", pero el olvido no es más que un velo que tapa todas esas emociones nocivas que se guardan en el subconsciente.

Si no se realizan estas limpiezas puede ser que se magneticen energías similares; es como si *cambiaran los personajes pero la obra de teatro fuese la misma*, haciendo un círculo, un *samsara*.

Cuando logramos saber para qué compartimos la vida con otro ser, ya sea una amistad, una pareja o una sociedad, se puede soltar esta "mochila" y transitar libremente para continuar con la misión de vida que aquí y ahora nos toca vivir. Puedo trascender cuando comprendo, entiendo y siento.

El cierre del ciclo es *casi ahora* o, como dicen en México, *ahorita*. Todo está manifestándose para cooperar en la gran limpieza planetaria. Como somos una mente, una voluntad, un espíritu, al limpiar tu historia personal también realizas un servicio planetario.

Te daré un ejemplo personal. Hace un tiempo compartí una relación de pareja con un ser (Dragón Espectral Rojo) que, al haber muerto su papá cuando era niño, estaba muy enojado con Dios y no creía en nada ni en nadie.

Me llevó algunos años transmitirle la magnificencia de Dios, su amor y perfección, la ley del karma, intentando sanar esa parte que lo limitaba tanto. De un día para otro la relación se deshizo, y en ese tiempo, en el que todavía no conocía el calendario maya, yo también cargué una "mochila" llena de emociones dañinas, creyendo que la vida era ingrata conmigo.

Cuando volví de México, donde tomé pleno contacto con la cultura maya y su calendario, estudié todas las relaciones posibles para darme cuenta de qué había sucedido, y descubrí que mi misión hacia él era comunicarle el espíritu. Realmente, en el último tiempo él ya hablaba con "el barbudo del cielo". Entonces sentí que esa "mochila", que estaba bien pesadita, se caía de un solo golpe. Fue muy liberador y pude sentir el verdadero amor en toda su intensidad, gracias a la comprensión y al entendimiento de que había sido una misión cumplida.

No siempre una misión implica una separación. A veces se juntan seres para misiones que duran toda la vida o varias encarnaciones. Lo importante es darse cuenta de lo que realmente es.

Capítulo 6
Meditaciones personales y planetarias

PRIMERA MEDITACIÓN: MEDITACIÓN DE LAS CROMÁTICAS ENTONADAS DE LA BIOMASA

La primera meditación de servicio planetario que se efectúa día a día es la de las cromáticas entonadas de la biomasa. Una cromática entonada es un conjunto de Sellos que empieza con un Sello de la Familia Portal de un color y termina con un Sello de la Familia Señal del mismo color. Por ejemplo, la cromática entonada amarilla comienza con el Sello de la Semilla y sigue el orden ascendente de los Sellos hasta llegar al próximo de ese mismo color, que es el Sello de la Estrella.

A las cromáticas se las llama "de la biomasa" porque influyen poderosamente en la masa biológica planetaria.

El objetivo de esta meditación es la alineación de nuestro holón o cuerpo de tiempo cuatridimensional con el holón del planeta. A través de este ejercicio despertamos la conciencia de los 20 Sellos sagrados para que se manifieste su esencia.

Esta meditación comienza los días de la Familia Portal (Luna, Mago, Tormenta y Semilla) y termina los días de la Familia Señal (Caminante del Cielo, Espejo, Noche y Estrella).

1. El primer día se lleva la atención al chakra raíz, se visualiza el Sello del día, se hace la afirmación del día y desde el chakra raíz se extiende una raíz hacia el corazón de la Tierra, donde se anclará.

2. El segundo día se repasa la visualización anterior. Una luz blanca que emana del corazón de la Tierra sube por la raíz y por la columna vertebral hasta el chakra corona, donde se visualizará el Sello del día (que será Serpiente, Perro, Águila o Sol). Se hará la afirmación del día y desde el chakra corona se enviará un arco iris a la zona geográfica en la que vibra el Sello de ese día.

3. El tercer día se repasa la visualización anterior hasta el punto en que se coloca el Sello en el chakra corona. La luz blanca desciende por delante del rostro hasta el chakra laríngeo y allí se coloca el Sello de este tercer día (que será Dragón, Enlazador de Mundos, Mono o Guerrero). Se hace la afirmación del día y se envía un arco iris a la zona geográfica en la que vibra ese Sello.

4. El cuarto día se repasa la visualización anterior hasta el punto en que se coloca el Sello en el chakra laríngeo. La luz blanca desciende hasta el corazón y allí se coloca el Sello de este cuarto día (que será Tierra, Viento, Mano o Humano). Se hace la afirmación del día y se envía un arco iris desde el chakra del corazón a la zona geográfica en la que vibra ese Sello.

5. El quinto día se repasa la visualización anterior hasta el punto en que se coloca el Sello en el chakra del corazón. La luz blanca desciende hasta el ombligo y allí se coloca el Sello de este quinto día (que será Caminante del Cielo, Espejo, Noche o Estrella). Se hace la afirmación del día y se envía un arco iris a través del *Kuxan Suum*, que es un cordón dorado que nos une al sol central de la galaxia *Hunab Ku*, sellando la meditación[1].

Daré un ejemplo para que quede más claro cómo se practica esta meditación. Tomamos los días desde el 18-12-2012 al 22-12-2012:

- **18-12:** El umbral galáctico es Semilla Solar Amarilla, Semilla 9.

- **19-12:** El umbral galáctico es Serpiente Planetaria Roja, Serpiente 10.

- **20-12:** El umbral galáctico es Enlazador de Mundos Espectral Blanco, Enlazador de Mundos 11.

- **21-12:** El umbral galáctico es Mano Cristal Azul, Mano 12.

- **22-12:** El umbral galáctico es Estrella Cósmica Amarilla, Estrella 13.

Esta cromática entonada de la biomasa va de la Semilla a la Estrella y del Tono 9 al 13. Entonces se lee que se debe producir el florecimiento para trascender hacia la armonía que embellece.

---

[1] Véase el gráfico n.º 5, del holón planetario, para localizar las zonas geográficas donde se ubica cada Sello.

Gráfico n.º 19

SEGUNDA MEDITACIÓN: CUBICACIÓN DE LOS CODONES

La segunda meditación que se practica diariamente es una cubicación semanal, que trabaja con los hexagramas del I Ching y los codones del ADN. A través de este ejercicio meditativo telepático se despierta la conciencia genética. La meditación comienza siempre en el día Dali de cualquier semana y termina en un día Silio. Recordemos que la lectura de las líneas del I Ching se realiza desde abajo hacia arriba.

- **Dali:** En este día se construye la base de un cubo que te contendrá, en la que se dibuja la primera línea del hexagrama relacionado con esa semana. El piso del cubo actúa en el plano de la mente.

- **Seli:** En este día se construye la pared derecha del cubo que te contendrá, en la que se dibuja la segunda línea del hexagrama relacionado con esa semana. La pared derecha actúa en el plano de la voluntad.

- **Gamma:** En este día se construye la pared izquierda del cubo que te contendrá, en la que se dibuja la tercera línea del hexagrama relacionado con esa semana. La pared izquierda actúa en el plano de la voluntad.

- **Kali:** En este día se construye la pared trasera del cubo que te contendrá, en la que se dibuja la cuarta línea del hexagrama relacionado con esa semana. La pared trasera actúa en el plano del espíritu.

- **Alfa:** En este día se construye la pared delantera del cubo que te contendrá, en la que se dibuja la quinta línea del hexagrama relacionado con esa semana. La pared delantera actúa en el plano del espíritu.

- **Limi:** En este día se construye el techo del cubo que te contendrá, en el que se dibuja la sexta línea del hexagrama relacionado con esa semana. El techo actúa en el plano de la mente.

- **Silio:** En este día se sella el cubo colocando en tu corazón una runa Ur para darle poder a todo el hexagrama. Las runas Ur fueron recibidas por José Argüelles junto a las 20 Tablas de la Ley del Tiempo. Son 64 (véase el gráfico n.° 22)[2].

El color de las paredes del cubo y de las líneas del I Ching queda librado a lo que aparezca en la meditación y a la creatividad personal. Algunos Kines hacen un cubo de cristal y las líneas las van dibujando con los colores del arco iris.

Tomemos como ejemplo la cubicación con el hexagrama que corresponde a la última semana del año 2012, el número 40, "Liberación del corazón".

---

[2] En el gráfico mencionado encontrarás sólo las runas que se emplearán en el futuro. He omitido las que, desde 1997, ya fueron utilizadas, por considerar innecesaria su inclusión.

Gráfico n.º 20

A continuación se señalan las secuencias codónicas para el armado de las cubicaciones semanales desde el año 2004 al 2012 inclusive. Aquí se detallan los años con sus trimestres. Tengamos en cuenta que el primer trimestre de cada año comienza el día Dali 1, de la Luna Magnética (26 de julio), y finaliza el día Silio 7, de la Luna Autoexistente (24 de octubre); el segundo trimestre comienza el día Dali 8, de la Luna Autoexistente (25 de octubre), y finaliza el día Silio 14 de la Luna Resonante (23 de enero); el tercer trimestre comienza el día Dali 15, de la Luna Resonante (24 de enero), y finaliza el día Silio 21, de la Luna Planetaria (24 de abril); el cuarto trimestre comienza el día Dali 22, de la Luna Planetaria (25 de abril), y finaliza el día Silio 28, de la Luna Cósmica (24 de julio). Al lado de cada trimestre figuran los números de hexagramas correspondientes a cada una de las 13 semanas que lo componen. Con este número busca en el gráfico n.º 21, donde podrás encontrar las líneas correspondientes a ese número de hexagrama.

		NÚMERO DE SEMANA												
		1	2	3	4	5	6	7	8	9	10	11	12	13
AÑO	TRIMESTRE	NÚMERO DE HEXAGRAMA												
Año 2004:	1 Rojo	8	3	60	5	43	34	14	50	56	35	23	20	8
Tormenta	2 Blanco	16	51	54	34	11	5	9	57	53	20	12	35	16
Cristal	3 Azul	56	30	14	38	41	61	60	29	8	39	31	62	56
Azul	4 Amarillo	64	38	21	30	22	37	63	39	48	29	47	40	64
Año 2005:	1 Rojo	17	45	47	28	48	46	18	26	22	27	21	25	17
Semilla	2 Blanco	25	12	6	44	57	18	46	11	36	24	51	17	25
Cósmica	3 Azul	33	13	1	10	61	41	19	7	2	15	62	31	33
Amarilla	4 Amarillo	41	4	23	52	56	33	31	49	43	58	60	19	41
Año 2006:	1 Rojo	18	26	22	27	21	25	17	45	47	28	48	46	18
Luna	2 Blanco	26	18	52	23	35	12	45	17	58	43	5	11	26
Magnética	3 Azul	34	32	62	16	2	8	20	42	61	9	1	14	34
Roja	4 Amarillo	42	20	59	57	44	50	32	34	55	51	24	3	42
Año 2007:	1 Rojo	19	7	2	15	62	31	33	13	1	10	61	41	19
Mago	2 Blanco	27	23	4	18	50	44	28	43	49	17	3	24	27
Lunar	3 Azul	35	21	38	14	26	9	5	48	39	8	45	16	35
Blanco	4 Amarillo	43	28	31	45	8	2	23	27	41	26	14	1	43
Año 2008:	1 Rojo	20	42	61	9	1	14	34	32	62	16	2	8	20
Tormenta	2 Blanco	28	43	49	17	3	24	27	23	4	18	50	44	28
Eléctrica	3 Azul	56	15	46	7	40	47	6	10	25	13	37	22	36
Azul	4 Amarillo	44	1	13	25	42	27	24	2	7	46	32	28	44
Año 2009:	1 Rojo	21	35	64	50	18	57	48	5	63	3	17	51	21
Semilla	2 Blanco	29	60	3	63	49	55	30	56	50	64	4	59	29
Autoexistente	3 Azul	37	53	57	59	6	64	40	54	51	55	36	63	37
Amarilla	4 Amarillo	45	17	58	43	5	11	26	18	52	23	35	12	45

Continúa en la página siguiente

Continuación de página anterior

AÑO	TRIMESTRE	NÚMERO DE SEMANA												
		1	2	3	4	5	6	7	8	9	10	11	12	13
		NÚMERO DE HEXAGRAMA												
Año 2010:	1 Rojo	22	52	18	4	64	6	47	58	17	49	63	36	22
Luna	2 Blanco	30	56	50	64	4	59	29	60	3	63	49	55	30
Entonada	3 Azul	38	64	35	56	52	53	39	63	5	60	58	54	38
Roja	4 Amarillo	46	11	36	24	51	17	25	12	6	44	57	18	46
Año 2011	1 Rojo	23	27	41	26	14	1	43	28	31	45	8	2	23
Mago	2 Blanco	31	49	43	58	60	19	41	4	23	52	56	33	31
Rítmico	3 Azul	39	63	5	60	58	54	38	64	35	56	52	53	39
Blanco	4 Amarillo	47	58	17	49	63	36	22	52	18	4	64	6	47
Año 2012:	1 Rojo	24	2	7	46	32	28	44	1	13	25	42	27	24
Tormenta	2 Blanco	32	34	55	51	24	3	42	20	59	57	44	50	32
Resonante	3 Azul	40	54	51	55	36	63	37	53	57	59	6	64	40
Azul	4 Amarillo	48	5	63	3	17	51	21	35	64	50	18	57	48

Tabla indicadora de números de hexagramas para cada año, trimestre y semana.

Entonces se podrá buscar el número del hexagrama y saber cuáles son las líneas respectivas para hacer las cubicaciones. Por ejemplo, si buscáramos el hexagrama correspondiente a la tercera semana del primer cuatrimestre del año 2011, en el cuadro anterior veríamos que es el 41. Teniendo ya el número es muy simple buscar en el gráfico n.º 21: allí encuentro que el hexagrama 41 tiene como trigrama inferior a tui (recordemos que las líneas se leen de abajo hacia arriba), cuyas líneas son entera, entera y partida, y como trigrama superior a ken, cuyas líneas son partida, partida y entera. El resultado final será:

Hexagrama 41

CUADRO PARA LA RÁPIDA IDENTIFICACIÓN DE LOS HEXAGRAMAS

	Ch'ien	Chen	K'an	Ken	K'un	Sun	Li	Tui
Ch'ien	1	34	5	26	11	9	14	43
Chen	25	51	3	27	24	42	21	17
K'an	6	40	29	4	7	59	64	47
Ken	33	62	39	52	15	53	56	31
K'un	12	16	8	23	2	20	35	45
Sun	44	32	48	18	46	57	50	28
Li	13	55	63	22	36	37	30	49
Tui	10	54	60	41	19	61	38	58

Gráfico n.º 21. La línea horizontal superior señala los trigramas superiores y la línea vertical izquierda señala los trigramas inferiores.

En cada trimestre reinará una runa Ur, que es la correspondiente al hexagrama también reinante en ese período. En las cubicaciones semanales dentro de un trimestre se usará la misma runa Ur, aunque el hexagrama vaya mutando. Para el año 2004 la runa del primer trimestre es roja; la del segundo trimestre, turquesa; la del tercer trimestre, violeta; y la del cuarto trimestre, verde claro. A partir del año 2005 hasta el 2012 inclusive, las runas Ur del primer trimestre son de color naranja; las del segundo trimestre, verde claro; las del tercer trimestre, verde oscuro; y las del cuarto trimestre, azules.

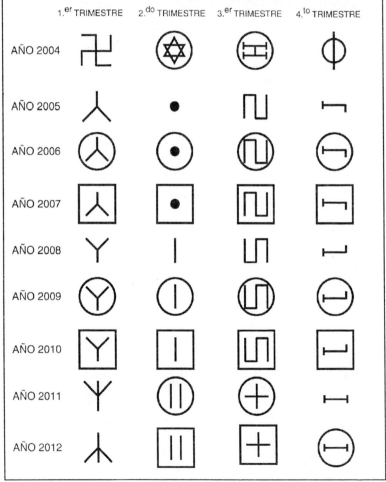

Gráfico n.º 22: cuadro que indica la runa Ur para cada trimestre.

TERCERA MEDITACIÓN: CUBICACIÓN DE LOS PLASMAS SOLARES

La tercera meditación de servicio planetario es también una cubicación que se arma durante los días de la semana pero tiene otro orden de construcción. El objetivo de esta meditación es alinearnos como seres solares armonizando los chakras, en conjunción con el sol local *Kinich Ahau* y el sol galáctico *Hunab Ku*. Este cubo se construye por fuera del anterior.

- **Dali:** El primer día de la semana se construye el techo y se coloca el plasma Dali, que es de color amarillo, y sentimos cómo se funde con el chakra corona.

- **Seli:** El segundo día de la semana se construye el piso y se coloca el plasma Seli, que es de color rojo, y sentimos cómo se funde con el chakra raíz.

- **Gamma:** El tercer día de la semana se construye la pared de adelante y se coloca el plasma Gamma, de color blanco, y sentimos cómo se funde con el chakra del tercer ojo.

- **Kali:** El cuarto día de la semana se construye la pared de atrás y se coloca el plasma Kali, de color azul, y sentimos cómo se funde con el chakra sexual.

- **Alfa:** El quinto día de la semana se construye la pared de la derecha y se coloca el plasma Alfa, que es de color amarillo, y sentimos cómo se funde con el chakra laríngeo.

- **Limi:** El sexto día de la semana se construye la pared izquierda y se coloca el plasma Limi, de color rojo, y sentimos cómo se funde con el chakra del plexo solar.

- **Silio:** El séptimo día se coloca el plasma Silio, de color blanco, en el chakra del corazón, sellando este último día de la semana el cubo de los plasmas.

Cada día debes leer la información de cada plasma y hacer la afirmación correspondiente.

Gráfico n.º 23

CUARTA MEDITACIÓN: CUBICACIÓN DE LAS RUNAS DEL FUTHARK

Esta meditación es la cuarta del servicio planetario. También se realiza con un cubo (que va por fuera de los otros dos), se arma semanalmente y tiene el mismo orden de construcción que la cubicación de los plasmas solares. El objetivo de esta meditación es hacer consciente el inconsciente planetario.

Primera semana

- **Dali 1:** El primer día de la semana se construye el techo y se coloca la runa Fehu.

- **Seli 2:** El segundo día de la semana se construye el piso y se coloca la runa Uruz.

- **Gamma 3:** El tercer día de la semana se construye la pared de adelante y se coloca la runa Thurisaz.

- **Kali 4:** El cuarto día de la semana se construye la pared de atrás y se coloca la runa Ansuz.

- **Alfa 5:** El quinto día de la semana se construye la pared de la derecha y se coloca la runa Raidho.

- **Limi 6:** El sexto día de la semana se construye la pared izquierda y se coloca la runa Kennaz.

- **Silio 7:** El séptimo día se siente en el corazón el vacío que contiene al todo, activando así el poder total del cubo de las runas de la primera semana.

Segunda semana

- **Dali 8:** El primer día de la semana se construye el techo y se coloca la runa Ehwaz.

- **Seli 9:** El segundo día de la semana se construye el piso y se coloca la runa Mannaz.

- **Gamma 10:** El tercer día de la semana se construye la pared de adelante y se coloca la runa Laguz.

- **Kali 11:** El cuarto día de la semana se construye la pared de atrás y se coloca la runa Ingwaz.

- **Alfa 12:** El quinto día de la semana se construye la pared de la derecha y se coloca la runa Daggaz.

- **Limi 13:** El sexto día de la semana se construye la pared izquierda y se coloca la runa Othala.

- **Silio 14:** El séptimo día se siente en el corazón el vacío que contiene al todo, activando así el poder total del cubo de las runas de la segunda semana.

Tercera semana

- **Dali 15:** El primer día de la semana se construye el techo y se coloca la runa Eihwaz.

- **Seli 16:** El segundo día de la semana se construye el piso y se coloca la runa Perthro.

- **Gamma 17:** El tercer día de la semana se construye la pared de adelante y se coloca la runa Elhaz.

- **Kali 18:** El cuarto día de la semana se construye la pared de atrás y se coloca la runa Sowilo.

- **Alfa 19:** El quinto día de la semana se construye la pared de la derecha y se coloca la runa Tiwaz.

- **Limi 20:** El sexto día de la semana se construye la pared izquierda y se coloca la runa Berkano.

- **Silio 21:** El séptimo día se siente en el corazón el vacío que contiene al todo, activando así el poder total del cubo de las runas de la tercera semana.

Cuarta semana

- **Dali 22:** El primer día de la semana se construye el techo y se coloca la runa Gebo.

- **Seli 23:** El segundo día de la semana se construye el piso y se coloca la runa Wunjo.

- **Gamma 24:** El tercer día de la semana se construye la pared de adelante y se coloca la runa Hagalaz.

- **Kali 25:** El cuarto día de la semana se construye la pared de atrás y se coloca la runa Nauthiz.

- **Alfa 26:** El quinto día de la semana se construye la pared de la derecha y se coloca la runa Ise.

- **Limi 27:** El sexto día de la semana se construye la pared izquierda y se coloca la runa Jera.

- **Silio 28:** El séptimo día se siente en el corazón el vacío que contiene al todo, activando así el poder total del cubo de las runas de la última semana.

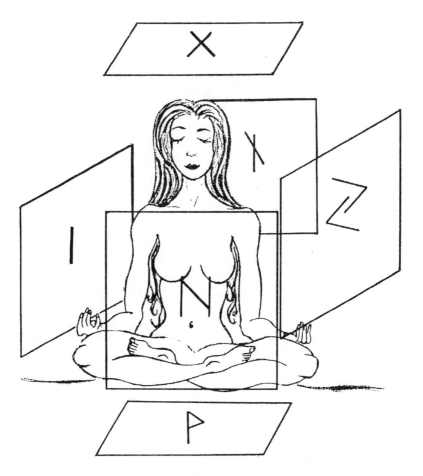

Gráfico n.° 24

SÍNTESIS

Hagamos un repaso. Cada día, entonces, tenemos que hacer consciente el año que está transcurriendo; dentro de éste, la luna, el animal de poder, la semana, el día; y en el orden sincrónico, el Sello y el Tono, la Onda Encantada, el Castillo, el oráculo, como así también el hexagrama de la semana, el plasma solar y la runa correspondiente al día.

Con toda esta información comenzamos haciendo la meditación de la cromática entonada de la biomasa, pronunciando la afirmación del día y realizando la visualización correspondiente. Sobre esto se hace la construcción del cubo de los hexagramas-codones, colocando el correspondiente al día. Por fuera de ese cubo, se construye el cubo de los plasmas, colocando el correspondiente a ese día. Por fuera de este cubo se construye el cubo de las runas, colocando la correspondiente al día. Y, por último, hay un cuarto cubo, que es todo de luz blanca, que envuelve a los demás y les da movimiento, haciéndolos girar hasta que la luz se expande por todo el planeta Tierra.

También se puede hacer esta meditación en forma personal. ¿De qué manera? Con toda la información anterior pero referida a tu fecha de nacimiento. Veamos un ejemplo:

- **Fecha: 28-10-1961**

Umbral galáctico del año: Semilla Galáctica Amarilla, Semilla 8.

Luna: Luna Autoexistente de la Lechuza, Semana 2, Blanca, purifica meditando.

Día: Kali 11, "Mi nombre es el glorioso, nacido del loto. Yo catalizo la luz-calor interior".

Umbral galáctico del día: Espejo Espectral Blanco, Espejo 11.

Hexagrama: 2.

Plasma: Kali.

Runa: Ingwaz.

Entonces, para la primera meditación veo que el Sello del Espejo es de la Familia Señal y cierra la meditación de la cromática; entonces me fijo dónde comienza. Por lo tanto, en este caso cuento hacia atrás, llegando a la Familia Portal, que es donde comienza la meditación. La cromática es blanca; comienza con el Mago 7, que se colocará en el chakra raíz; siguen las siguientes combinaciones de Sellos y Tonos: Águila 8, que se colocará en el chakra corona; Guerrero 9, en el chakra laríngeo; Tierra 10, en el chakra cardíaco; y Espejo 11, en el chakra sexual. Cuando trabajamos a nivel personal se utiliza la cromática completa y los cubos completos.

Para la segunda meditación, en este ejemplo tenemos el hexagrama n.º 2, cuyas líneas son todas partidas, y en el corazón va la runa Ur que se corresponde con este hexagrama.

Para la tercera meditación se construirá el cubo con todos los plasmas solares.

Para la cuarta meditación se construirá el cubo con las runas de la semana de nacimiento. En este ejemplo irán las runas Ehwaz, Mannaz, Laguz, Ingwaz, Daggaz y Othala, correspondientes a esta semana, y en el corazón, sellando el cubo, el vacío que contiene al todo eterno; sobre este cubo, otro de luz blanca.

Si bien toda esta tarea de investigación y meditación es simple, se aconseja la orientación de alguien que facilite este estudio.

MEDITACIÓN SOLAR

Los mayas sabían utilizar muy bien la información, energía y luz del sol para vivir más armoniosamente que en estos tiempos. Se iluminaban y así sus cuerpos físico, mental, emocional y espiritual se abrían a la conciencia cósmica.

A continuación presento una meditación muy sencilla y poderosa, recibida por la mexicana Aluna Joy Yaxn'in.

La realizarás en un lugar natural al amanecer, sentado, esperando la salida del sol, pidiendo a Hunab Ku *permiso para entrar en su memoria. Al aparecer la luz en el horizonte, debes mirar al sol unos instantes; cierra los ojos y repite el nombre del sol, que es* Kin *en lenguaje maya. Con las manos intenta contener su luz como si sostuvieras una esfera que estuviese por delante de tu rostro pero sin tocarlo. Así como Omm es el nombre de la Tierra,* Kin *es el nombre del sol y también un* mantra. *Canta el* mantra Kin *así:* k'in, k'ien, k'ieenn, k'ieeenn, k'ieeeeenn, k'ieeeeeeeen.

Repite "Kin" siete veces para tu espíritu, siete veces para nuestro sistema solar, siete veces más para nuestra galaxia. Vas a sentir fuerte la energía en tus manos, a la que sumarás un deseo del corazón. Eleva tus manos y envía esta vibración hasta el infinito.

Repite el ejercicio otra vez, con las manos delante del rostro, como conteniendo una esfera. Repite "Kin" siete veces por tu cuerpo, y otras siete veces por la Tierra. Ahora coloca en la tierra tus bendiciones más la luz que acumulaste en las manos; apoya tus manos en la Madre Tierra; envía tus intenciones para despertar a la humanidad y proyéctalas al núcleo del planeta.

Quédate en silencio escuchando lo que el sol tiene para decirte en forma personal. Escucha, escucha el llamado del espíritu, la canción de la vida, el sol, las estrellas, el viento y el agua.

Recuerda que eres un pedazo del sol y traes un mensaje especial para dar. Somos peregrinos del Creador a través del Padre Sol. Recordemos.

MEDITACIÓN DE UNIFICACIÓN DE LOS SOLES

Para esta meditación tomamos conciencia de que somos seres de luz, envueltos en un cuerpo físico. Esta luz del espíritu, que mora en el corazón, se alimenta del fuego universal. Los seres humanos en la Tierra somos transmisores de energía, que recibimos desde la galaxia por el chakra corona y entregamos a la Tierra por el chakra raíz, y que en forma de respuesta recibimos desde el pulso del corazón planetario y enviamos hacia la galaxia.

Realizando esta meditación alineamos los chakras con la Tierra, el sol local, *Kinich Ahau*, y el sol central de la galaxia, *Hunab Ku*, logrando hacer circular ondas de información, energía y luz que nos despiertan como una unidad.

Te recomiendo, sobre todo las primeras veces que realices esta meditación, que la hagas sentado y que, al finalizar, retornes lentamente y abras los ojos luego de unos instantes, porque puede producir algunos mareos debido a la gran aceleración que se experimenta en este viaje.

Elige un lugar cómodo, aquiétate, relájate y respira cada vez más profundamente, sintiendo cómo ese oxígeno lleno de energía acaricia todos tus cuerpos, dándoles armonía. Lleva tu atención a tu corazón, visualizando allí un pequeño sol, que a medida que respiras se hace más brillante. Viaja desde allí al centro de la Tierra y encuentra el sol interno de nuestro planeta; siente su vibración. Retorna a tu sol y desde allí proyéctate hacia el sol *Kinich Ahau* (nuestro sol); siente su vibración. Desde allí proyéctate hacia el sol *Hunab Ku* (el sol central de la galaxia) y siente su vibración. Desde allí retornarás al sol local, desde allí a tu sol, y desde éste al sol interno de la Tierra. Así, de esta manera, viajarás, yendo y viniendo, unificando el sol de la Tierra, el de tu ser, el de este sistema y el de esta galaxia. Permite que fluya la energía, intercambiándose de un espacio a otro. La velocidad en la meditación debe acelerarse gradualmente, hasta llegar a subir desde la Tierra hasta *Hunab Ku* en la inhalación y bajar en la exhalación de nuevo a la Tierra.

Esta meditación es de gran servicio, ya que trae despertar a toda la galaxia. ¡Buen viaje!

Capítulo 7
Preguntas más habituales en este nivel del conocimiento maya

1- Ya que en la cuenta solar-lunar-galáctica no se considera el 29 de febrero, ¿cómo se corrige la diferencia de minutos por año?

Como nuestra mente tiene la capacidad y el poder de crear, extendemos el tiempo, ya que no es fijo, sino elástico y circular, haciendo que el 28 de febrero dure 36 horas y el 1 de marzo también. Entonces cuando haya un año bisiesto, si es que aún no se ha cambiado de calendario, el 29 de febrero lo consideraremos desde el amanecer hasta el mediodía como extensión del día Dali 22, de la Luna Galáctica (correspondiente al 28/2), y con el Kin de ese día, y desde el mediodía hasta la medianoche, como una extensión del día Seli 23, de la Luna Galáctica (correspondiente al 1/3), y con el Kin de ese día. De este modo vamos borrando la conciencia del 29 de febrero.

Cuando planetariamente se siga la cuenta maya y no se considere directamente el 29 de febrero, la corrección del tiempo será la siguiente: Sabemos que cada 52 años se cumple un ciclo de vida completo. Cada vez que termine uno de estos ciclos de 52 años habrá una Onda Encantada fuera del tiempo. Actualmente para la cuenta sagrada hay un día fuera del tiempo por año, que se corresponde con el 25 de julio del calendario gregoriano. Ese día se celebra la paz a través de la meditación y del arte. Cuando llegue el tiempo en que se produzca esta Onda Encantada de 13 días fuera del tiempo, será una gran celebración de todos los seres aquí en la Tierra.

¿Cuál es la diferencia? Bien: con el calendario gregoriano, cada cuatro años se agrega un día, cambiando la cantidad de días en el mes y trayendo confusión. En la cuenta maya esta celebración y este ajuste de días se hace cada 52 años y no interfiere en la cantidad de días de ninguna luna. Una vez finalizada esta Onda de 13 días, será el día Dali 1, de la Luna Magnética, del nuevo año.

2- ¿Los Sellos tienen "luz" y "sombra"?

No, los Sellos son esencias puras. Los humanos sí tenemos "luz" y "sombra", dependiendo de si obramos desde el espíritu o desde la personalidad (ego). Si un ser se manifiesta desde el alma, todas las virtudes del Sello brillarán; si no, se manifiesta el ego y entonces se opaca ese brillo, ya que prevalece la personalidad y no el ser.

3- ¿Cambiar el calendario gregoriano por la cuenta solar-lunar-galáctica no es cambiar una estructura por otra?

Aparentemente sí, pero es el puente necesario para recobrar la memoria cósmica, el orden natural. Llegará un tiempo en el cual volveremos a observar los fenómenos estelares y los ciclos planetarios sin necesidad de tener que seguir día a día un patrón, porque ya lo sentiremos y lo viviremos como algo natural, que fluye, teniendo total conciencia de los equinoccios, solsticios, eclipses, del paso de cometas, etc., todo lo que hace a la dinámica galáctica.

4- ¿Por qué se dice que Quetzalcoatl fue como el Cristo de América?

Quetzalcoatl fue un príncipe tolteca muy amoroso y justo con su pueblo. Hizo cambios importantes para la comunidad, entre ellos, suprimió los sacrificios por ofrendas de flores y frutos. Se dice que fue como el Jesús de América ya que cristificó su alma. Cuando encarnamos venimos con embriones de almas; a través de la meditación, de la alquimia sexual y de otros caminos, se puede lograr la iluminación de todos los chakras (centros de energía) y en ese estado de luz el embrión se cristifica, se desarrolla totalmente, desplegando todo el potencial de luz que ello trae. Cristo no es una persona: es un estado del ser.

5- ¿Se puede trabajar con la Onda Encantada de la aventura para proyectos amplios, como, por ejemplo, crear una comunidad?

Cualquier aventura se puede canalizar a través del orden que da la Onda Encantada de la aventura. Su duración dependerá de la magnitud del proyecto. Como el tiempo es fractal (gama de frecuencia que mantiene una simetría a lo largo de una escala), podemos hacer que cada Tono dure más de un día. Para la creación de una comunidad deberá ser, al menos, una Onda en la que cada Tono dure una luna, o sea, una Onda Encantada de un año. O, si no, una Onda Encantada de trece años.

Para cualquier caso, la consigna de cada Tono es igual; lo que cambia es la duración. En una Onda de 13 días, cada consigna durará un día; en una de 13 lunas, cada consigna durará 28 días; en una de 13 años, cada consigna durará un año, etcétera.

6- En cuanto a la confección del Traje Espacial con la Onda Encantada natal, ¿qué hago si tengo algunas afecciones orgánicas?

Primero es preciso determinar con qué célula del tiempo está asociada esa afección. Supongamos que la afección es bronquitis, que es una infección en el plano pulmonar. Recordando que los pulmones están en la célula del tiempo del almacén, que es la que purifica al ser, nos daremos cuenta de que hay algo que limpiar para que el ser se pueda manifestar. Entonces, además de tratar la enfermedad médicamente, se puede acompañar telepáticamente meditando en los Sellos de esa célula y en lo que sus esencias son. En este caso será preciso mejorar la vitalidad (Serpiente), dejar ir algunos aspectos de la personalidad (Enlazador de Mundos), incorporar nuevas técnicas de curación (Mano) y armonizarse a través del arte (Estrella).

También, si sabes shiatzu o digitopuntura, puedes trabajar sobre los meridianos y dedos que se corresponden con esos Sellos (véase mi libro ya citado *Calendario maya: la Cuenta Sagrada del Tiempo*, de esta misma Colección).

7- ¿Qué orden sigue la meditación en los cubos?

El orden que se sigue es el necesario para activar la nave del tiempo para su trascendencia en el año 2013.

El primer cubo es el codónico, el más interno; a través del uso de los hexagramas del I Ching, trabaja sobre el orden genético. Funciona en la dimensión del espacio.

El segundo cubo, que se construye sobre el anterior, es el Radión, que se forma con los plasmas solares y trabaja sobre el orden perceptual. Funciona en la dimensión del tiempo.

El tercer cubo es el rúnico; se construye sobre el segundo. Utiliza las runas del Futhark y trabaja sobre el orden telepático. Permite la comunión con la creación.

El cuarto cubo, de luz blanca, es el más externo; sus paredes son todas de luz blanca y representa el no ego.

8- ¿Para viajar en el tiempo es preciso un vehículo?

Sí. Los vehículos de transporte de tiempo son construcciones mentales proyectadas de cuerpos de geometría radial, que utilizan estructuras cristalinas o florales, como pueden ser los cristales de doble punta o la flor de la vida de la Merkabah.

Estas estructuras cristalinas o florales se ordenan de acuerdo con el vector de tiempo. Generalmente los vehículos cristalinos se usan para viajes y exploraciones individuales, y los vehículos de geometrías florales, para exploraciones más complejas en el plano colectivo. Los vehículos de transporte personal se construyen a partir de la firma galáctica personal y con umbrales galácticos correspondientes a fechas de importancia en la historia personal. Éstos son vehículos cristalinos de doble punta. Los vehículos de transporte interplanetario pueden ser de estructura cristalina o floral y se mueven a través de los tubos de flujo electromagnético como caminos para el viaje. Hay otros tipos de vehículos, que se activarán sólo luego del año 2013, ya que se pueden crear operando con un campo de conciencia integrada telepáticamente.

Bibliografía

– Argüelles, José, *El factor maya*, Círculo Cuadrado, México, 1993.

——. *La tierra en ascenso*, Brujas, Córdoba (Argentina), 2002.

– Aun Weor, Samael, *La magia de las runas*, Sagra, Porto Alegre, 1976.

– Bermúdez, Darío, *Profecías mayas: increíbles revelaciones para nuestra época*, Kier, Buenos Aires, 2003 (Colección del Canal Infinito).

– Loisi, Osvaldo, *I Ching*, Planeta, Buenos Aires, 1994.

– Rocco, Gustavo Andrés, *I Ching: el alma del Oráculo del Cambio*, Kier, Buenos Aires, 2003 (Colección del Canal Infinito).

– Spilsbury, Ariel - Bryner, Michael, *The mayan oracle: return path to the stars*, Bear & Company Publishing, Santa Fe, Nuevo México, 1992.

– Tyson, Donald, *Las runas y su magia*, Mirach, Barcelona, 1991.

– Valum Votan (José Argüelles), *Las 20 Tablas de la Ley del Tiempo*, Editorial Intergaláctica, São Paulo, 1997.

DIRECCIONES ÚTILES

Aquí y ahora, nuestro propósito es recuperar tierras y formar pueblos armónicos que sigan un patrón ordenado de tiempo y una vida natural.

Si quieres unirte para la reconstrucción de la vida en el planeta Tierra, puedes formar parte de la asociación sin fines de lucro "Gente de la Tierra". www gentedelatierra.iespana.es/gentedelatierra. Comunícate vía e-mail a:
gentedelatierra@hotmail.com
pueblos1320arg@yahoo.com.ar
o a espiritumaya39arg@yahoo.com.ar

Si deseas comunicarte con la autora, puedes hacerlo telefónicamente al (005411) 4723-5671 o por mail a las direcciones que figuran en la solapa de este libro.

Índice

Este libro se termino de imprimir
en Octubre de 2006
Tel : (011) 4204-9013
Gral.Vedia 280 Avellaneda
Buenos Aires - Argentina

Tirada 3000 ejemplares